Les grands classiques de

LA CUISINE FRANÇAISE

JEAN DUCLOUX

Conception graphique : francis m
Maquette : Paule Palacios-Dalens

Connectez-vous sur :
www.lamartiniere.fr

Les grands classiques de
LA CUISINE FRANÇAISE

JEAN DUCLOUX

avec la collaboration de Michel Chabot
préface de Jean-Luc Petitrenaud
photographies de Philippe Exbrayat

Minerva

Préface

Jean Ducloux est un cuisinier inclassable. Tournant résolument le dos à la mode, il fait ce qu'il veut et quand il veut. Il ressemble à s'y méprendre à un homme-orchestre, celui que l'on croise un jour de fête jouant des cymbales, de la trompette et de la grosse caisse en même temps. Lorsqu'il coiffe son chapeau de shérif, qu'il enfile sa veste de cow-boy et qu'il ajuste ses grosses lunettes d'écaille, on a l'impression qu'il se déguise. Voilà Ducloux tel qu'il est, à cheval entre la vie courante et la comédie. Il blague et il cuisine de la même manière. Un jour il monte un canular féroce envers Bocuse et Loiseau, et le lendemain il fait sauter les grenouilles ou murmurer les quenelles au four. On l'aime éperdument comme il est, parce qu'il est vrai et qu'il respire la vie. Jamais je n'oublierai cette bouteille de mâcon blanc jaillissant d'un large seau d'eau rafraîchie, semant sur la tommette des larmes d'amitié. Lui planté comme un chêne en bord de pré, offrant les verres à la cantonade. Chez Ducloux on se régale. On boit, on mange, on chante et on sauce son assiette, sinon on se fait engueuler. On va chez Ducloux comme on rend visite à un grand-oncle. Cette chaleur familiale qu'il tient entre ses bras est rare, il faut en profiter.

A l'heure de la sieste, le comédien-cuisinier rejoint sa maison de bord de Saône pour faire tourner ses manèges et faire siffler ses trains. Il coiffe sa casquette de chef de gare et se raconte des histoires à lui-même comme un gosse. Il aime la vie. Comme le rouge-gorge au printemps, Jean Ducloux est éternel.

Jean-Luc Petitrenaud

Sommaire

> Jean Ducloux, un cuisinier si peu ordinaire... *Michel Chabot* *13*

Mes secrets

> La sélection de vins de Claude Bouillet *20*
> Mon bouquet garni et mes croûtons *22*
> Mon court-bouillon et mes carottes Vichy *23*
> Mes quatre beurres *24*

Mes casse-croûte

> Œufs en meurette *28*
> Œufs au lard et œufs à la crème *30*
> Œufs brouillés *31*
> Œufs au plat façon Jean Ducloux *32*
> Mes œufs frits à l'américaine *33*
> Soupe à l'oignon *34*
> Filets de harengs saurs... *36*
...et ma salade de haricots blancs *37*
> Sardines grillées *38*
> Maquereaux froids « Mère Léa » *40*
> Tartines au fromage fort grillées *42*

Mes entrées

> Le potage parisien, le potage de légumes et le velouté *46*
> Omelette aux queues d'écrevisse *48*
> Omelette à l'oseille *50*
> Fonds d'artichaut Racouchot *51*
> Les tomates chantilly *54*
> Les avocats aux anchois *56*
> Quenelles de brochet, sauce américaine crémée *57*
> Escargots en coquille *60*
> Grenouilles sautées *62*
> L'assiette du Nord *64*
> Emincé de saumon mariné *66*
> Sardines crues froides *68*
> Œufs pochés aux épinards *69*
> Salade de homard façon Jean Ducloux *70*
> Salade gourmande à la Greuze *72*
> Saucisson chaud pommes vapeur *74*
> Terrine de foie gras frais en gelée *75*
> Terrine de foies de volailles ou terrine simple *78*
> Le pâté en croûte « Alexandre Dumaine » *80*
> Bouchées à la reine *82*

Mes plats

> Saint-Jacques à la nage 86
> Merlans frits Jean Ducloux 88
> Ecrevisses à la nage 89
> La morue à ma façon 92
> Timbale de homard Jean Ducloux 93
> Feuilleté de homard safrané 96
> Feuilleté de brochet frais 98
> Escalopes de saumon grillées, épinards en branches 100
> Mon gratin d'écrevisses 101
> Filets de sole en goujonnettes à la crème de citron 104
> La carpe farcie du Vendredi saint 106
> Mes poissons au beurre blanc à l'estragon 107
> Galette de truffe Jean Ducloux 110
> La blanquette de champignons 112
> Gratin dauphinois Jean Ducloux 113
> Flan de courgettes 116
> Ma moussaka 117
> Carré d'agneau rôti 118
> Sauté de veau Marengo 120
> Les ris de veau à la crème 121
> Rognons de veau à la dijonnaise 122
> Potée bourguignonne 124
> Steak au poivre façon Jean Ducloux 125
> Tranche de bœuf poêlée à la moelle à la bourguignonne 128
> Canard de Challans en deux services avec sa duxelles 130
> Civet de lièvre 132
> Ma gibelotte de lapereau 133
> Le râble de lièvre, sauce civet 134
> Mes pigeons rôtis aux légumes frais 136
> Ma dernière bécasse 137
> Poulet sauté au vinaigre 138
> Le coq au vin 140
> Volaille de Bresse truffée en marmite 141
> Poulet sauté aux gousses d'ail en chemise 144
> Le poulet à la crème 146

Mes desserts

> Mon soufflé au Grand Marnier 150
> L'omelette célestine 152
> Gratin de framboises ou de fruits de saison 153
> Tarte fine aux pommes 154
> Feuilleté de poires caramélisées 156
> Mon gâteau au chocolat 158
> Profiteroles au chocolat 162
> Mille-feuille 164
> Ma crème pâtissière 166
> Crème au caramel 167
> Mes beignets pets-de-nonne 168
> Crème glacée à la vanille 170
> Mousse café 171
> Pamplemousses confits 174

> Pour que les mots aient un sens... 176
> Index des recettes 178

Jean Ducloux

UN CUISINIER...
SI PEU ORDINAIRE

A l'heure où les chefs occupent le devant de la scène médiatique et parcourent le monde, à Tournus, au fin fond de la Bourgogne et au pied de l'abbaye Saint-Philibert – un des plus beaux témoins de l'art roman du XIe *siècle –, un être d'exception incarne la cuisine de tradition. Il s'appelle Jean Ducloux, toutes les stars de la grande cuisine s'inclinent devant ce monument. Son copain Bocuse, qui le premier redonna ses rangs de noblesse au métier de cuisinier et rétablit la primauté française à travers la planète, le reconnaît sans ambages : « Jean, c'est le plus vrai… »*

Certaines recettes qui figurent dans cet ouvrage ont d'ailleurs été mitonnées de concert par ces deux frères d'armes. Complicité touchante entre deux figures. Mais quand l'une sautait d'un avion à l'autre, Jean, lui, se cantonnait à son restaurant Greuze, *baptisé en l'honneur du peintre du XVIII*[e] *siècle, Jean-Baptiste Greuze, natif de Tournus. Petite ville des bords de Saône qui a d'ailleurs consacré à l'enfant prodige un musée en tous points remarquables. On ne dira jamais assez combien nombre de musées de province valent, eux aussi, selon la célèbre formule du Michelin, « le détour ».*

Jean et Paul Bocuse, une amitié sans faille. C'est Jean qui a initié Paul au monde magique des pianos mécaniques, des limonaires et du décor baroque d'une musique entraînante, chaleureuse et ouverte.

La silhouette sûre, rehaussée par la toque qui ne le quitte jamais, Jean veille au grain. En permanence dans la grande salle d'entrée émaillée de reproductions, de dessins de Greuze, qui sont autant de clins d'œil pour les visiteurs, car chacun d'entre nous a entr'aperçu ces lavis sublimes, dont la finesse des traits reste inscrite dans notre mémoire. Jean a l'œil. Lui aussi. Il juge ceux qui s'arrêtent, alléchés par une carte où l'on découvre des mets, des mots qui nous apparaissent comme autant de témoignages d'un patrimoine singulièrement écorné par la tornade de la nouvelle cuisine. Mais la quasi-totalité des convives regroupe des fidèles, sinon des inconditionnels de Jean…

Dieu merci, le balancier des excès et des mariages culinaires en tout genre s'est stabilisé. Et les grands, ceux dont les Français connaissent le nom et le visage, Bernard Loiseau, Guy Savoy, Georges Blanc… ne manquent jamais de rendre visite et hommage à « Jean ». Pour lui d'ailleurs – et le jugement est sans appel –, la « grande cuisine » ou la « cuisine nouvelle », cela n'a aucun sens. Elle est bonne ou ne passe pas la rampe. Et Jean de brandir sa bible, Le Répertoire de la cuisine *(1910) de Gringoire et Saulnier. En ce début de siècle (où d'ailleurs, singulier renversement du destin, on s'arrachait les chefs à prix d'or), les deux maîtres rendaient hommage sur la page de garde à « Auguste Escoffier, le maître de la cuisine moderne »… Déjà !*

« On n'a rien inventé ! tonne Jean. Tout est déjà là. L'essentiel réside dans la pratique, l'assiduité. Et puis, l'important c'est d'assurer. Faire venir un client relève de l'exercice de base. Mais le faire revenir, c'est autre chose. Contrairement aux idées reçues, un plat ne peut être exactement le même, d'une fois sur l'autre ; les

ingrédients ne sont jamais identiques. C'est pourquoi j'encourage tous ceux qui réaliseront mes recettes à ne pas hésiter à s'entraîner. Pour ma timbale de homard ou mon feuilleté, mieux vaut essayer au préalable avec des homards canadiens avant de se lancer avec le vrai, le homard breton. Nul n'a la science infuse. C'est l'expérience qui donne le coup de patte. Le mien vaut, paraît-il, quelque chose. Mais ce sont des décennies de pratique. J'ai commencé à Dijon chez Racouchot à 12-13 ans, c'est ainsi que j'ai acquis les bases sans lesquelles on n'est pas en mesure de laisser vagabonder son imagination. Mais relisez Escoffier, il recense déjà des dizaines de manières de réaliser les soles. Alors, quand on me parle de nouvelles recettes… »

Jean s'est rôdé au meilleur des exercices, celui de l'apprentissage sur le tas. Après Racouchot, Dumaine à Saulieu (aujourd'hui La Côte d'Or *de son copain Loiseau), puis Paris, le Colisée, Drouant et les saisons sur la côte normande. Des brigades de quatre-vingts à cent personnes. Une clientèle aussi raffinée qu'exigeante. Et le service à la voiture…*

Le côté vif-argent de Jean émerge facilement au détour d'une phrase. Le lièvre à la royale est d'abord pour lui l'occasion de raconter l'invention de cette recette imaginée pour un Roi-Soleil ne pouvant plus mâcher les aliments solides. Mais à l'en croire, le lièvre à la royale que l'on sert à la carte est une hérésie. « Un plat qui doit se préparer pour être servi aussitôt,

TOURNUS LOUHANS
LES GRANDES AFFAIRES JUDICIAIRES
LA RÉVOLUTION RUSSE
LES CHEMINS DE FER
LES CROISIÈRES AUTOMOBILES
LES EXPOSITIONS UNIVERSELLES
LA CONQUÊTE DES PÔLES
L'INDOCHINE
L'ÉPOPÉE DE L'AVIATION
LA MONTÉE DU NAZISME
NE PAS TOUCHER

DUCLOUX
CIRCUS

et surtout pas réchauffé. Alors, comment font ceux qui l'affichent… Je voudrais bien voir. »

Jean se défend d'être une star. Il se contente d'orner ses voitures américaines de grosses étoiles noires… « Je suis un cuisinier et rien d'autre. » A ses côtés, Paulette son épouse, si altière et élégante. Complice, elle observe « son » homme. En vérité, Greuze en plusieurs décennies a accueilli des générations de célébrités. Picasso, Fujita qui a orné le livre d'or d'un joli dessin ; acteurs, hommes politiques ou de lettres, tous sont venus (et revenus) dans ce restaurant unique, car on y trouve des plats que la mode a souvent banni. Le gratin de queues d'écrevisse (ou de langoustine) ; le pâté en croûte « Alexandre Dumaine », dont la saveur est à la mesure de sa difficulté de réalisation ; les soufflés au Grand Marnier qui réclament une exécution parfaite. Les grenouilles sautées persillade, les escargots « traditionnels » ; les rognons de veau à la dijonnaise, dont le résultat se révèle au palais. En salle, la mine réjouie des convives est éloquente sur cette approche à l'ancienne du bien-manger. Jean navigue des fourneaux (une brigade de quinze employés dont deux chefs) aux tables. Un mot pour chacun, une attention qui relève presque d'une autre époque. Jean, personnage si peu ordinaire au caractère évidemment abrupt, doit bien être doté d'un magnétisme singulier. Son bras droit, Claude, avec qui nous avons dressé ses coups de cœur pour les vins en accompagnement des plats, est à son service depuis trente-trois ans…

Jean et son pouvoir attractif. Son sens de la répartie, ses bons mots. « Maurice Trintignant, Trénet, Aznavour (toujours fidèles), Arletty, Odette Joyeux, Jean Behra, Juliette Gréco… et aujourd'hui ? J'ai accueilli trois générations de Reynaud (Paul, Fernand et maintenant Jean « Reno »…). Christian Clavier et sa femme épatante Marie-Anne Chazel. Tous des copains… »

L'un d'eux se nomme Jean-Louis Trintignant. L'acteur est complice de longue date de son ami Jean. Il lui a d'ailleurs consacré de jolis mots : « Vous êtes au-delà de toute époque. Au-delà de toute mode ». Jean-Louis, peut-être entraîné par son oncle Maurice, est venu plusieurs fois à l'époque de sa liaison avec BB. « Je leur ai même offert un chow-chow.» L'acteur revient, toujours fidèle à Jean, avec Marie sa fille aînée, elle aussi actrice. Lui, comme ceux que Jean apprécie (Aznavour, Catherine Deneuve) ont eu droit au pèlerinage suprême. Une incursion dans son antre, sa maison sur les quais de la Saône où il a installé son orgue mécanique, sa batterie. Jean est un fou de musique. Il aime les opéras. Principalement les ouvertures. Il aime le spectacle. En somme, que la vie ait un sens.

Jean est un homme tout à la fois sincère, généreux, authentique. Autant de qualités qui pourraient paraître archaïques. Il se trouve qu'elles se révèlent in fine *dans ses plats dont nous vous livrons les recettes. Un moment d'exception qui nous a conduits à dresser la liste savoureuse de « ses » casse-croûte, souvenirs des en-cas, si conviviaux, et que l'on serait bien avisé de remettre à l'honneur. Et puis Jean nous a dévoilé ses tours de main, ses petits riens qui font tout. Là encore, comme dans la vie. Et ce jeune (octogénaire) amoureux du spectacle, des trains, du cirque, nous réserve encore de beaux tours de piste.*

Michel Chabot

Mes secrets

La sélection de vins de Claude Bouillet *20*
Mon bouquet garni et mes croûtons *22*
Mon court-bouillon et mes carottes Vichy *23*
Mes quatre beurres *24*

La sélection de vins de Claude Bouillet

Claude Bouillet est maître d'hôtel et sommelier chez Jean Ducloux, depuis trente-trois ans.

> *Pour les casse-croûte*

Un seul choix, simple, à l'image des plats à réhabiliter.
On pourra opter, dans la région, pour un **mâcon blanc**, issu de bonne table, si possible pris en bonbonne de verre, tiré au dernier moment. Un produit acidulé, frais, légèrement râpeux, pour aiguiser l'appétit matinal. Ce choix rappelle ceux que les joueurs de boules lyonnais effectuaient.

VARIANTE

Un excellent beaujolais-villages, Georges Dubœuf, bien gouleyant. Tél. 03 85 35 51 13.

> *Pour les entrées*

REMARQUE

Signalons le professionnalisme aigu et l'extrême fidélité du personnel à la figure de Jean… Jean, tout à la fois autocrate et attachant. Et il le sait…

On reste en Bourgogne du Sud. En Saône-et-Loire. Claude Bouillet préconise un excellent **pouilly-fuissé de la maison Burrier, millésime 96** (extra). Ou son cousin issu du **domaine Beauregard.**
Georges Burrier : Tél. 03 85 35 61 75.
Domaine Beauregard : Tél. 03 85 35 60 76.

Pour les entrées relativement sophistiquées (quenelles ; timbales de homard…) se tourner impérativement vers les grands **côtes-de-beaune, blancs.** A commencer par les produits de la famille Ramonet implantée à Chassagne-Montrachet. Forte de trois générations talentueuses, elle incarne le grand savoir. Parmi ses beaux flacons, **un chassagne 1er cru, les Ruchottes, 1999**. Superbe ! L'élégance même. Petit conseil : si l'on veut tous les grands domaines de Chassagne, se tourner vers les deux patrons du caveau, père et fils, les Rateau, maîtres ès-chassagnes. Eux disposent de tous les domaines. Une adresse aussi rare que précieuse. Hommage à la bourguignonne : « On dit qu'ils ratissent bien ». Tél. 03 80 21 38 13.

VARIANTE

Un puligny-montrachet 1er cru, Les Combettes, domaine Sauzet. Tél. 03 80 21 32 10.

> *Pour les plats*

• Pour les écrevisses, les Saint-Jacques à la nage et les poissons, on optera là encore pour les **vins de Bourgogne du Sud,** avec notre sélection précédente.

• Dans la gamme des volailles (poulet sauté, à la crème...), Claude préconise un vin du département, à savoir un **mercurey** (rouge, bien sûr!). Et notamment le Château de Chamilly, domaine dirigé par Madame Desfontaines. L'élégance même...
Tél. 03 85 87 22 24.

• Pour les viandes (le bœuf à la moelle, l'entrecôte – « la meilleure de France »), un rouge, **beaune-bressandes, domaine Henri-Germain.** Petites parcelles, mais grand talent... Tél. 03 80 21 22 04.

• Pour les gibiers et la truffe, on est dans le registre du suprême. Avec un **côte-de-nuits 1er cru, Clos de la Roche** (sublime), propriété de Jacques Seysses et son épouse, « l'Américaine », convertie à la qualité des productions exceptionnelles de son mari. Domaine Dujac, situé sur la commune de Morey-Saint-Denis. Tél. 03 80 34 01 00.

VARIANTE

Autre cas de figure, dans l'excellence, mais plus accessible, un gevrey-chambertin, Les Combottes, domaine Dujac.

Pour Claude, avec les plats de chez Jean, il faut rester simple et humble. Le vin, c'est « bon ou pas bon »... Variante de la formule de son patron pour qui l'expression « grande cuisine » ne veut rien dire en soi : « Un plat est bon ou non – petit ou grand... ». Aficionados des images ronflantes, passez votre chemin !
Rien n'irrite plus Claude que les œnologues au langage pompeux et ampoulé. Exemple, cette formule récemment relevée. On vous la livre, sans détours : « Ce vin riche offre le goût d'un parfum de cerise mûre mordue par le merle, puis cicatrisée. » ! Et l'auteur de ces mots est loin d'être un inconnu. Et fait (presque) autorité...

Mon bouquet garni et mes croûtons

> *Mon bouquet garni*

Incontournable : le bouquet garni ! Il convient particulièrement pour les œufs en meurette. Dans ce cas, le bouquet sera plutôt de petite taille. Il sera composé de persil, de thym et d'une demi-feuille de laurier. En revanche, pour un pot-au-feu ou une tête de veau, le bouquet sera beaucoup plus « garni ». Il comprendra une bonne poignée de persil avec les queues – indispensables –, un poireau, une branche de céleri, du thym et une branche de laurier.

ASTUCE

Le court-bouillon gagnera en saveur si on a la bonne idée d'y ajouter une branche d'estragon.

> *Mes croûtons*

Il y a croûtons et croûtons... Goûteux et savoureux, les croûtons, auxquels j'ai souvent recours, ne se préparent pas du tout de la même façon, selon qu'ils accompagnent une soupe de poissons, un potage ou sont servis dans une salade...

• Pour une soupe de poissons, on les taillera en « sifflet » c'est-à-dire dans une baguette, avant de les badigeonner d'huile d'olive avec un pinceau. Ils grilleront au four, puis on les frottera à l'ail. Le pinceau, soit dit en passant, est un instrument trop souvent négligé et, à mes yeux, indispensable en cuisine.

• Pour les matelotes, les civets et les œufs en meurette, on coupera le pain classique en rondelles, que l'on passera dans une poêle au beurre.

• Pour les potages, on optera pour du pain de mie coupé en petits carrés et que l'on fera là encore revenir à la poêle dans un gros morceau de beurre, à seule fin que les croûtons soient bien colorés.

• Pour les salades, je choisis uniquement la croûte du pain, qu'il faut frotter à l'ail.

Mon court-bouillon et mes carottes Vichy

Mon court-bouillon

Le court-bouillon est essentiel. C'est lui qui donne le goût aux poissons, aux écrevisses, aux Saint-Jacques... Voici comment je le réalise sur la base d'un poisson d'environ 2 kilos. Je fais cuire 1 heure à petit feu. (Je n'insisterai jamais assez : en cuisine, il faut chauffer lentement, doucement pour que chacun des aliments prenne le temps d'absorber la saveur des produits que l'on a rassemblés.) Dans 3 litres d'eau, on ajoutera 1 litre de vin blanc, 2 verres de vinaigre blanc, 5 carottes pelées et émincées, 5 oignons pelés et émincés, 8 gousses d'ail pelées et émincées, 1 gros bouquet garni, 3 bonnes cuillerées à soupe de poivre concassé avec une grosse pincée de gros sel marin. Avec un tel court-bouillon, vous pouvez être sûr que les préparations que je vous indique auront vraiment du goût.

Pour des poissons à déguster froids : Mettre le poisson dans une poissonnière et recouvrir aux trois quarts de hauteur avec mon court-bouillon froid. A défaut de poissonnière, utiliser une marmite. Veiller à tronçonner le poisson. Dans les deux cas, mettre le poisson et le court-bouillon à cuire à feu très, très doux. Lorsqu'il arrive à ébullition, retirer le récipient du feu et laisser refroidir le poisson presque aussi doucement que vous avez laissé monter la chaleur jusqu'à ébullition. Servir lorsque le court-bouillon est froid. Vous êtes sûr que le poisson est cuit à point. Il faut procéder à cette opération quelques heures avant de servir. Je la déconseille fortement pour conserver le poisson au réfrigérateur. Sacrilège !

CONSEIL

Maniez le court-bouillon à bon escient. Ainsi, il ne faut surtout pas cuire une langouste au court-bouillon, mais à l'eau vinaigrée et salée. Par contre, le petit homard à la nage réclame, lui, un court-bouillon. Sachez qu'une raie se cuit aussi à l'eau vinaigrée. Le turbot se cuit dans l'eau avec une simple goutte de lait pour le blanchir. Il en est de même pour la morue et le haddock.

Mes carottes Vichy

L'archétype du plat très simple qui a hélas disparu... Voici comment il faut procéder : il suffit simplement de faire revenir des carottes dans une sauteuse, avec un bon morceau de beurre et de mouiller à l'eau de Vichy à hauteur. On laisse cuire 30 minutes et on sert après réduction. Les carottes Vichy en accompagnement d'un ris de veau ou d'un ris de porc, c'est extra ! L'exemple même d'un plat léger et sain pour le soir.

Mes quatre beurres

> *Le beurre fondu*

Les cuisiniers ont du mal à en donner le sens exact... Voici comment je procède : il faut faire fondre le beurre à petit feu très, très doucement et surtout sans remuer. A ce moment-là, on sale, on poivre et on ajoute quelques gouttes de citron. Ce beurre fondu accompagne merveilleusement les asperges, les poissons pochés, etc.

> *Le beurre clarifié*

Là encore, il faut cuire le beurre très, très doucement et l'écumer sans cesse jusqu'à ce qu'il devienne véritablement clair, et surtout ne pas remuer tant que l'ensemble du beurre n'est pas complètement fondu. Jadis, les ménagères s'en servaient toute l'année et le conservaient dans des pots de grès. C'était bien avant le réfrigérateur...

> *Le beurre blanc*

Il faut porter à ébullition un demi-verre d'eau, y intégrer en remuant au fouet un bon morceau de beurre préalablement ramolli. Saler, ajouter une pointe de poivre de Cayenne et le jus d'un bon citron. Idéal avec des asperges, le haddock et, d'une manière générale, tous les poissons. Pour ma part, j'aime aussi réaliser le beurre à l'estragon qui n'est rien d'autre qu'un beurre blanc auquel j'ajoute de l'estragon finement haché. Je vous garantis le résultat avec un turbotin, un saumon... C'est une merveille !

> *Le beurre nantais*

Faites réduire aux trois quarts des échalotes préalablement pelées et hachées avec du poivre concassé dans 2 cuillerées à soupe de vinaigre blanc additionnées d'autant de vin blanc sec. On incorpore le beurre, très doucement, en procédant comme pour le beurre blanc. Mais il est recommandé de passer le beurre nantais au chinois avant de le servir. Le beurre nantais accompagne très bien le brochet, le turbot là encore, et d'autres poissons.

Mes casse-croûte

Œufs en meurette 28
Œufs au lard et œufs à la crème 30
Œufs brouillés 31
Œufs au plat façon Jean Ducloux 32
Mes œufs frits à l'américaine 33
Soupe à l'oignon 34
Filets de harengs saurs... 36
... et ma salade de haricots blancs 37
Sardines grillées 38
Maquereaux froids « Mère Léa » 40
Tartines au fromage fort grillées 42

REMARQUE

Ils ont hélas disparu dans le courant des années 1970, mais je tiens à faire honneur à ces ouvertures de journée comme je les aime. Entre 1947 et 1960, je les ai institués sur les coups de 7 heures du matin. J'affectionne tout particulièrement ceux qui sont à base de fromages, de harengs, de sardines ou de maquereaux. Voici, en avant-première, mes classiques, de belles choses pour vous ouvrir l'appétit.

Œufs en meurette

Ingrédients pour 4 personnes >

- 2 verres de beaujolais
- 2 échalotes
- 1 cuillerée à café de poivre du moulin concassé très fin
- 25 cl de fond de veau tout prêt
- 8 tranches de pain
- 50 g de beurre
- 1 verre de vinaigre
- 8 œufs
- Sel, poivre du moulin

1 Dans une casserole, mélanger le beaujolais et 2 cuillerées à soupe d'échalotes pelées et hachées. Ajouter 1 cuillerée à café de poivre du moulin concassé très fin. Faire réduire de moitié. Verser le fond de veau. Saler. Réserver cette sauce.

2 Préparer 8 croûtons. Passer les tranches de pain dans une poêle au beurre. Réserver.

3 Au moment de passer à table, faire chauffer à petits bouillons 2 litres d'eau salée additionnée de vinaigre. Pendant ce temps, casser chaque œuf dans une tasse. Les verser dans l'eau vinaigrée un par un, assez rapidement pour qu'ils ne collent pas les uns aux autres. Laisser cuire 4 minutes. Egoutter sur un linge. Oter les filaments.

4 Pour un service à l'assiette, dresser 1 œuf sur chaque croûton. Napper de sauce. Pour un service au plat, disposer les croûtons autour des œufs afin qu'ils ne ramollissent pas.

VARIANTE

Vous pouvez agrémenter la sauce de champignons de Paris, de petits oignons et de lardons.

Œufs au lard et œufs à la crème

Ingrédients pour 2 personnes

SOUVENIR

Je me rappelle avoir servi ce plat à Robert Lamoureux en 1948. Il s'était arrêté à l'époque où n'existait pas encore l'autoroute du Sud. Il avait dû suffisamment se régaler pour me téléphoner et me demander l'adresse d'un quincaillier, où il pouvait justement se procurer des petites poêles à crêpes…

> *Œufs au lard*

- 4 tranches de lard, taillées à plat
- 1 belle noisette de beurre
- 4 œufs
- Vinaigre
- Sel, poivre

1 Blanchir le lard et le rincer à l'eau froide.

2 Dans une petite poêle à crêpes, faire fondre le beurre et colorer le lard. Casser les œufs dessus. Laisser cuire environ 3 minutes. Saler, poivrer.

3 Faire glisser les œufs sur une assiette chaude et déglacer la poêle avec une giclée de vinaigre. Verser le déglaçage sur les œufs.

> *Œufs à la crème*

- 2 œufs
- 1 cuillerée à soupe de crème fraîche
- Sel

1 Dans une petite poêle à crêpes, faire cuire les œufs à feu doux pendant 3 minutes dans la crème préalablement salée.

2 On peut accompagner ces œufs de chèvres frais, à part. Superbe !

ASTUCE

On ne poivre surtout pas les œufs.

Œufs brouillés

INGRÉDIENTS POUR 2 PERSONNES >

- Beurre
- 4 œufs
- Selon votre humeur, votre imagination ou votre portefeuille, des pointes d'asperge, des tomates, des épinards en branches, des truffes...

1. Beurrer largement une casserole et y casser les œufs entiers.

2. Faire cuire les œufs sur feu très, très doux en les tournant doucement au fouet.

3. Quand les œufs commencent juste à épaissir, remettre un petit morceau de beurre, assaisonner et servir aussitôt. Au préalable, incorporer éventuellement les ingrédients de garniture.

ASTUCE

Une certaine tradition voudrait que les œufs se travaillent à la cuillère en bois, mais il y a longtemps que tous les cuisiniers du monde utilisent le fouet, infiniment plus pratique.

Œufs au plat façon Jean Ducloux

Ingrédients pour 2 personnes >

- Beurre doux
- 4 œufs
- Sel

1 Beurrer un plat en porcelaine. Saler avant de procéder à toute opération.

2 Casser les œufs dans le plat. Le placer à l'entrée du four, porte entrouverte, à 250° C (th. 8/9) pendant 2 minutes, de telle sorte que le blanc prenne toute sa consistance et que le jaune reste bien chaud. C'est tout l'art...

ASTUCE

Pour cette incontournable recette – la mienne –, n'utilisez surtout pas de beurre sortant directement du réfrigérateur. Pour ne pas éclater les jaunes d'œufs, il faut procéder avec délicatesse.

Mes œufs frits à l'américaine

Ingrédients pour 2 personnes >

- 4 tranches de pain de mie
- 70 g de beurre
- 4 belles tranches de bacon
- 20 cl de jus de tomate
- 1 verre d'huile
- 4 œufs
- Sel, poivre

1 Tailler des croûtons ronds dans le pain de mie. Dans une poêle, faire fondre 50 g de beurre, puis y faire colorer le pain.

2 Faire chauffer le jus de tomate. Saler, poivrer.

3 Dans une poêle, faire colorer le bacon dans le reste de beurre.

4 Dans une petite bassine à friture, faire chauffer l'huile sur feu vif (il faut surtout éviter qu'elle brûle !). Casser les œufs deux par deux dans l'huile chaude. Les tourner avec une cuillère en bois afin qu'ils prennent la forme d'un beignet.

5 Sur chaque assiette réservée au chaud, dresser les œufs sur les croûtons. Ajouter deux tranches de bacon. Verser la sauce tomate autour. Je privilégie ce fabuleux casse-croûte le matin, mais il peut aussi être servi en entrée pour déjeuner.

ASTUCE

Pour réussir cette recette assez difficile, il faut bien maintenir l'œuf dans l'huile chaude avec une cuillère en bois et surtout veiller à ce qu'il n'éclate pas.

Soupe à l'oignon

INGRÉDIENTS POUR 4 À 6 PERSONNES >

- 4 à 5 beaux oignons
- Beurre
- 1 cuillerée à soupe de farine
- 2 verres de vin blanc
- Pain bien sec
- 300 g de gruyère râpé
- Sel, poivre

REMARQUE

Pour moi, c'est le type de plat que l'on prépare à l'improviste à la fin d'une grande journée de travail, lorsqu'on traîne au petit matin ou tard dans la soirée.

1 Peler et émincer les oignons, les passer au beurre dans une belle casserole, ce que j'appelle une « russe », une casserole en cuivre, beaucoup plus haute qu'une simple sauteuse. Attention, les oignons doivent être colorés, bien dorés, mais surtout pas brûlés… Question de doigté ! Ajouter la farine. Mouiller avec le vin blanc. Verser 1 litre d'eau. Saler, poivrer. Laisser cuire sur feu doux pendant 30 minutes.

2 Pendant ce temps, couper le pain en rondelles et faire griller au four. Disposer les croûtons sur la plaque du four dans le cercle en métal d'un moule à tarte à fond amovible. Le cercle épousera ainsi la forme de la soupière. Parsemer de gruyère râpé. Enfourner à 250° C (th. 8/9) jusqu'à ce que les croûtons soient caramélisés.

3 Emulsionner la soupe au mixeur. Passer éventuellement au chinois ou servir avec les oignons (c'est d'ailleurs ainsi que je préfère).

4 Verser le bouillon dans une soupière. Ajouter les croûtons, qui doivent flotter comme des icebergs sur la soupe fumante. Ainsi, ils resteront bien fermes et la soupe sera gratinée : on joue sur le registre du croquant et du liquide.

VIN CONSEILLÉ

Un mâcon blanc

Filets de harengs saurs...

INGRÉDIENTS POUR 4 PERSONNES >

- 500 g de filets de harengs fumés
- 2 beaux oignons
- 1 verre de vin blanc
- 1 verre d'huile d'arachide

SOUVENIR

Plat favori d'Yves Montand et de Simone Signoret, c'est toujours celui que me réclame Jean-Louis Trintignant, un type extra, simple et très gastronome. Attirer du beau monde dans un restaurant est facile, mais le faire revenir est plus difficile car on n'a jamais droit à la moindre erreur...

1 Dans une belle terrine allant au four, alterner successivement les couches de harengs et les couches d'oignons pelés et émincés.

2 Arroser de vin blanc sec et mouiller d'huile d'arachide (surtout pas d'huile d'olive ou d'huile de noix).

3 Laisser mariner 24 heures. Servir frais avec une salade de haricots blancs accompagnée de quelques rondelles d'oignons et de persil haché grossièrement.

VIN CONSEILLÉ

Un mâcon blanc

...et ma salade de haricots blancs

INGRÉDIENTS POUR 4 PERSONNES >

- 700 g de haricots blancs (variété de soissons ou tarbais)
- 2 oignons
- 4 clous de girofle
- 1 verre d'huile
- 1 cuillerée à soupe de vinaigre
- 1 cuillerée à soupe de moutarde
- Persil

1 Faire cuire des haricots blancs avec 1 oignon pelé et les clous de girofle dans de l'eau salée pendant 40 minutes.

2 Laisser refroidir. Egoutter.

3 Préparer une bonne vinaigrette avec l'huile, le vinaigre, la moutarde et 1 oignon pelé et haché. Verser la vinaigrette sur les haricots. Saupoudrer de persil haché. Servir aussitôt.

ASTUCE

Procurez-vous des soissons frais, surtout pas des flageolets ! Servez cette salade avec les filets de harengs saurs. C'est extra !

Sardines grillées

Cette recette incomparable me vient d'un chef de chez Drouant.

INGRÉDIENTS POUR 4 PERSONNES >

- 300 g de beurre très mou
- 3 gousses d'ail
- 20 sardines bien fraîches vidées
- Farine
- 2 citrons
- Persil
- Sel, poivre

SOUVENIR

Les frères Troisgros et Bocuse affectionnaient particulièrement ces sardines lorsqu'ils me rendaient visite dans ma maison de campagne sur les hauteurs de Tournus au milieu des années 1980. Un casse-croûte largement arrosé et une mise en bouche pour attaquer plus tard le plat principal, qui variait selon l'humeur.

1 Travailler le beurre avec les gousses d'ail finement hachées et le persil ciselé. Saler. Poivrer.

2 Mettre le beurre dans un plat long sur un bon centimètre d'épaisseur. Conserver au réfrigérateur.

3 Nettoyer soigneusement les sardines à l'aide d'un linge pour ôter les résidus d'écailles. Saler. Les passer à la farine, puis les badigeonner d'huile au pinceau.

4 Faire griller chaque côté des sardines sur un feu de bois (si possible des sarments de vigne). L'opération doit surtout s'effectuer très, très rapidement.

5 Poser les sardines bouillantes sur le beurre. Servir les sardines dix par dix avec les citrons en quartiers et du persil. Déguster aussitôt.

VIN CONSEILLÉ

Un mâcon blanc

Maquereaux froids « Mère Léa »

INGRÉDIENTS POUR 4 PERSONNES >

- 8 maquereaux de taille moyenne
- 2 verres de vinaigre blanc
- 2 carottes
- 1 branche de thym
- 1 bouquet de persil
- 1 branche d'estragon
- 2 citrons
- Sel, poivre du moulin

SOUVENIR

Cette recette imaginée par mon ami Paul Bocuse et moi-même s'inspire d'un plat que la mère Léa, installée alors à Lyon, nous avait servi vers 1980. Elle avait alors refusé de nous communiquer sa recette. Toute sa saveur réside dans la lente montée à ébullition et dans la lenteur du refroidissement. Subtil !

1 Mettre les maquereaux dans un plat à rôtir. Mouiller avec 25 cl d'eau et le vinaigre. Ajouter les carottes pelées et émincées, le thym, le persil et l'estragon. Saler, poivrer.

2 Recouvrir d'une feuille de papier aluminium. Mettre de préférence sur le gaz à feu très, très doux environ 20 minutes. A ébullition, arrêter le feu. Je préfère de loin le gaz aux plaques électriques que l'on maîtrise moins.

3 Laisser refroidir pendant une nuit à température de cuisine. Servir les maquereaux avec des rondelles de citron et du persil haché.

ASTUCE

A déguster le matin, vers 10 heures, avec un bon coup de blanc…

Tartines grillées au fromage fort

Une délicieuse recette qui remonte à la nuit des temps…

INGRÉDIENTS POUR 4 PERSONNES >

- 50 g de beurre
- 1 Sainte-Marie (fromage blanc)
- 2 fromages de chèvre très secs, presque rassis et durs
- 200 g de comté
- 4 tranches de pain rassis

SOUVENIR

Un soir où je m'ennuyais, j'ai rendu visite à « la Vonnette » qui tenait un bistrot restaurant à Tournus, aujourd'hui disparu, comme elle d'ailleurs. Je l'entends encore : « Mon pauvre Jean, je n'ai pas grand-chose à te donner. » Avec mon copain Lily Jacquet, nous avons improvisé avec ce que nous avons trouvé dans le garde-manger. C'est devenu par la suite le casse-croûte du matin.

1 Dans une casserole, faire fondre le beurre sur feu doux. Dans un saladier, mélanger le Sainte-Marie, les chèvres râpés très finement et le comté râpé. Ajouter 3 cuillerées à soupe de beurre fondu. Mélanger avec une spatule en bois. Laisser reposer 24 heures à la cave.

2 Garnir les tranches de pain du mélange de fromages. Passer au four jusqu'à l'obtention de tartines grillées. C'est vraiment extra !

VIN CONSEILLÉ

Un mâcon blanc

Mes entrées

Le potage parisien, le potage de légumes et le velouté 46
Omelette aux queues d'écrevisse 48
Omelette à l'oseille 50
Fonds d'artichaut Racouchot 51
Les tomates chantilly 54
Les avocats aux anchois 56
Quenelles de brochet, sauce américaine crémée 57
Escargots en coquille 60
Grenouilles sautées 62
L'assiette du Nord 64
Emincé de saumon mariné 66
Sardines crues froides 68
Œufs pochés aux épinards 69
Salade de homard façon Jean Ducloux 70
Salade gourmande à la Greuze 72
Saucisson chaud pommes vapeur 74
Terrine de foie gras frais en gelée 75
Terrine de foies de volailles ou terrine simple 78
Le pâté en croûte « Alexandre Dumaine » 80
Bouchées à la reine 82

Le potage parisien, le potage de légumes et le velouté

INGRÉDIENTS POUR 4 PERSONNES

> *Le potage parisien*

- 500 g de pommes de terre
- 2 blancs de poireaux
- 50 g de beurre
- 25 cl de crème fraîche
- Sel

1 Faire suer les blancs de poireaux émincés au beurre sans laisser colorer. Pendant ce temps, peler et couper finement les pommes de terre dans la longueur.

2 Incorporer les pommes de terre et la crème aux poireaux. Verser 1,5 litre d'eau. Faire cuire à gros bouillons sur feu vif. Surtout ne pas mixer ! Idéalement, il convient de préparer ce potage au dernier moment, environ 30 minutes avant le souper.

REMARQUE

Dans les différentes brasseries et grandes maisons où j'ai servi, on en préparait jusqu'à six tous les soirs. Le potage a régulièrement figuré à la carte jusqu'au milieu des années 1950. Pour ma part, je les en ai retirés vers 1955. Néanmoins, je voudrais vous donner la recette d'un potage tout simple mais extrêmement agréable : le potage parisien.

> *Le potage de légumes*

- 3 pommes de terre
- 3 navets
- 3 carottes
- 3 poireaux coupés en morceaux
- 1 branche de céleri
- 25 cl de crème fraîche
- Sel

C'est tout simple. Faire cuire les légumes dans un grand faitout avec 1 litre d'eau et la crème fraîche. Puis passer à la moulinette. Et voilà un potage à l'ancienne extrêmement simple qu'il faut réhabiliter!

> *Le velouté*

Précision d'importance : le velouté repose sur un fond de volaille roux léger. On réalise un velouté à partir d'une béchamel légère (sur la base d'un roux avec 30 g de farine et 30 g de beurre par litre). Verser le consommé de légumes avec le bouillon blanc. Ajouter 250 g de tapioca, laisser cuire 20 minutes. Avant de servir, lier 5 jaunes d'œufs et 50 cl de crème liquide que l'on incorporera au velouté. Le consommé est un bouillon de pot-au-feu clarifié et se distingue du fond de volaille. L'important est de bien le clarifier, le dégraisser, le corser suffisamment et le laisser réduire.

Omelette aux queues d'écrevisse

INGRÉDIENTS POUR 4 PERSONNES >

- 1 kg d'écrevisses
- 1/2 verre d'huile
- 100 g de beurre
- 1 oignon
- 1 carotte
- 1 cuillerée à soupe de farine
- 1 verre de cognac
- 50 cl de vin blanc sec
- 3 cuillerées à soupe de concentré de tomate
- 1 bouquet garni
- 1 belle tasse de crème fraîche
- 8 œufs
- 1 bouquet de persil
- Sel, poivre concassé

SOUVENIR

Annie Soibeaux, pilote de rallye dans les années 1960-1970, m'a donné cette idée de recette, devenue d'ailleurs assez difficile à réaliser pour cause de désaffection d'écrevisses… Mais si vous pouvez la faire, je vous garantis le résultat.

1 Laver et châtrer les écrevisses. Faire chauffer l'huile dans une poêle. Quand elle est très chaude, y verser les écrevisses. Les faire colorer sur feu vif pendant 10 minutes. Les retirer, puis les laisser refroidir. Décortiquer les queues et les réserver. Piler les carcasses.

2 Dans une sauteuse, faire colorer au beurre l'oignon et la carotte coupés en petits dés. Ajouter ensuite les carcasses pilées et saupoudrer de farine. Mélanger. Verser le cognac et flamber.

3 Ajouter le vin blanc, un petit peu d'eau, le concentré de tomate et le bouquet garni. Poivrer sans lésiner avec une belle pincée de poivre concassé (deux à trois tours de moulin). Saler. Laisser bouillir 30 minutes sur feu doux. Passer la sauce au chinois. Ajouter la crème fraîche. Réserver.

4 Faire cuire une omelette avec les œufs battus. La garnir des queues d'écrevisse avant de rouler l'ensemble. Dresser l'omelette dans un plat, nappée de sauce agrémentée du persil.

VIN CONSEILLÉ

Un pouilly-fuissé de la maison Burrier, millésime 96 ou domaine Beauregard

Omelette à l'oseille

INGRÉDIENTS
PAR 2 PERSONNES

- 1 bonne poignée d'oseille
- Beurre
- 6 œufs
- Sel, poivre

SOUVENIR

C'est le plat de mon enfance. Ma mère le réalisait plusieurs fois par semaine le soir. J'allais moi-même chercher l'oseille dans notre petit jardin de 20 m².

1 Couper l'oseille en morceaux sur une planche à découper. Dans une poêle à revêtement antiadhésif, la faire suer avec un morceau de beurre.

2 Verser dessus les œufs battus. Saler, poivrer. L'omelette, à mon goût, doit être bien baveuse.

3 Servir démoulée à l'envers sur un plat.

Fonds d'artichaut Racouchot

INGRÉDIENTS POUR 4 PERSONNES >

- 4 beaux artichauts
- 200 g de salade de saison
- 3 cuillerées à soupe d'huile d'olive
- 1/2 à 1/3 de citron
- 4 tranches de foie gras
- 1 cuillerée à café de vinaigre de vin
- Sel, poivre

ANECDOTE

J'ai ainsi baptisé cette grande entrée toute simple du nom de mon ancien patron, le grand Racouchot, chez qui j'ai fait mon apprentissage à Dijon.

1 Les artichauts se cuisent à froid ! Les plonger dans de l'eau salée et les faire cuire 30 à 45 minutes. Tirer les feuilles pour vérifier la cuisson. Les rafraîchir à l'eau froide et ôter les feuilles sans abîmer les fonds.

2 Dresser les fonds d'artichaut sur un lit de salade assaisonnée d'huile d'olive et de jus de citron.

3 Citronner chaque fond d'artichaut. Disposer sur chacun une tranche de foie gras.

4 Servir avec une vinaigrette (huile, vinaigre, citron) à part.

ASTUCE

Un bon test pour vérifier la cuisson des artichauts : quand on peut arracher les feuilles, le tour est joué. On les rafraîchit et je répète que c'est seulement à ce moment-là que l'on peut ôter les feuilles et le foin. Mais tout l'art de la cuisine consiste à rabâcher les choses...

Les tomates chantilly

INGRÉDIENTS POUR 6 PERSONNES >

- 6 belles tomates bien mûres
- 25 cl de crème fraîche
- 1 cuillerée à soupe de moutarde de Meaux
- 1 salade
- 2 cuillerées à soupe d'huile d'olive
- 1 citron
- Sel

REMARQUE

Un beau plat appétissant, rafraîchissant et goûteux, comme je les aime. L'exemple type de l'entrée simple et plaisante à l'œil.

1 Couper le chapeau des tomates. Les épépiner et enlever le jus.

2 Monter la crème fraîche en chantilly avec un peu de sel. Dans un bol, mélanger la moutarde de Meaux et la chantilly.

3 Remplir les tomates de ce mélange. Surmonter la chantilly avec chaque chapeau.

4 Garnir les assiettes de salade. Assaisonner avec l'huile d'olive et le citron. Disposer les tomates chantilly dessus.

Les avocats aux anchois

INGRÉDIENTS POUR 4 PERSONNES >

- 4 œufs durs de belle consistance
- 4 avocats bien fermes
- 2 cuillerées à soupe de mayonnaise
- 1 cuillerée à café de concentré de tomate
- 1 citron
- 100 g d'anchois à l'huile d'olive
- 1 laitue
- Huile
- Vinaigre
- Sel, poivre de Cayenne

1 Couper les œufs durs en deux dans le sens de la longueur. Evider les blancs. Réserver.

2 Vider les avocats de leur chair avec une cuillère à café.

3 Passer la chair des avocats avec les jaunes d'œufs à la moulinette. Incorporer la mayonnaise, 1 cuillerée à café de concentré de tomate, le jus de citron, du sel et une pincée de poivre de Cayenne.

4 Garnir le fond des avocats avec un peu de cette farce. Poser dessus la moitié d'un blanc d'œuf, le côté bombé à l'extérieur.

5 Avec une poche à douille cannelée, répartir le reste de la farce tout autour de l'œuf. Poser deux anchois en croix de Saint-André sur l'œuf (croix en X). Servir sur des feuilles de laitue assaisonnées de vinaigrette. Simple, facile et goûteux !

VIN CONSEILLÉ

Un pouilly-fuissé de la maison Burrier, millésime 96 ou domaine Beauregard

Quenelles de brochet, sauce américaine crémée

Appelées aussi « Quenelles Racouchot »…

INGRÉDIENTS POUR 8 PERSONNES

POUR LA PANADE

- 125 g de farine
- 4 jaunes d'œufs
- 90 g de beurre fondu
- 2 verres de lait bouillant
- Muscade
- Sel, poivre

POUR LA SAUCE

- 1 kg d'écrevisses vivantes
- 1/2 verre d'huile d'olive
- 1 poignée de carottes et d'oignons finement hachés
- 1 cuillerée à soupe de cognac
- 2 verres de vin blanc sec
- 1 petit bouquet garni
- 2 branches d'estragon
- 1 cuillerée à café de concentré de tomate
- 100 g de beurre manié avec 1/2 verre de farine
- 2 cuillerées à soupe de crème épaisse

POUR LES QUENELLES

- 500 g de chair de brochet cru frais prélevée sur un poisson d'environ 1 kg
- 250 g de beurre
- 1 pincée de muscade
- 2 œufs
- 4 jaunes d'œufs
- Sel, poivre du moulin

La veille, préparer la panade. Dans une casserole, mettre successivement la farine, les jaunes d'œufs, le beurre fondu, la muscade, du sel et du poivre. Incorporer peu à peu le lait bouillant. Faire cuire environ 5 minutes en travaillant à la spatule en bois. Laisser refroidir. Réserver.

(Suite de la recette page suivante)

Quenelles de brochet, sauce américaine crémée

2 Préparer la sauce. Laver et châtrer les écrevisses. Les passer dans une sauteuse à feu très vif avec l'huile d'olive et le mélange de carottes et d'oignons. Enlever l'huile et flamber au cognac. Mouiller avec le vin blanc, puis ajouter le bouquet garni, l'estragon et le concentré de tomate. Laisser cuire 10 minutes. Oter les écrevisses. Décortiquer les queues. Lier la sauce avec le beurre manié. Passer la sauce au chinois et ajouter la crème épaisse. Réserver.

3 Préparer les quenelles. Couper la chair de brochet. Incorporer 200 g de panade froide et le beurre en morceaux. Assaisonner de muscade, d'une pincée de sel et de 2 tours de poivre du moulin. Mixer le tout pendant 3 minutes. Ajouter les œufs entiers et les jaunes d'œufs un par un. Passer le mélange au tamis.

4 Dans une casserole, faire bouillir 2 litres d'eau légèrement salée. Avec une cuillère à soupe, mouler les quenelles. Pour ma part, je réalise souvent cette opération à la main : la cuillère donne le cadre et on retravaille l'arrondi de la quenelle à la main. Tremper la cuillère dans l'eau bouillante : la quenelle se détache et se forme d'elle-même devant les yeux. Laisser cuire sur feu doux pendant 30 minutes. Egoutter les quenelles sur un linge.

5 Dresser les quenelles soit sur un plat de service ou, ce que je recommande, sur une assiette individuelle. Ajouter les queues d'écrevisse décortiquées. Napper de sauce américaine. Servir aussitôt. Les écrevisses donnent un goût sublime à la sauce !

VIN CONSEILLÉ

Un côtes-de-beaune, chassagne 1er cru, Les Ruchottes, 1999

Escargots en coquille

Ingrédients pour 4 personnes >

- 48 escargots appellation « Bourgogne » en boîte
- 500 g de beurre

A propos des escargots

Malheureusement, on ne peut guère faire autrement que prendre des escargots en boîte... D'appellation « Bourgogne », ils viennent en vérité de Roumanie. Après le sulfatage des vignes, toute la population des Bourgognes français a été décimée !

SOUVENIR

J'ai réalisé mes derniers « vrais » escargots de A jusqu'à Z, il y a une quinzaine d'années. Je me souviens que c'était l'époque où les Troisgros étaient venus tous les deux déjeuner chez moi. Ils se sont écriés : « Jean, qu'est-ce que ça sent l'escargot chez toi ! ». On a oublié que l'odeur de l'escargot frais est telle qu'elle imprègne l'ensemble de la pièce, allant parfois jusqu'à gêner le voisinage...

1. Remplir chaque escargot de beurre moelleux. Ajuster avec le pouce.

2. Disposer les escargots sur un plat approprié.

3. Enfourner 10 minutes à 250° C (th. 8/9). Ne jamais porter le beurre à ébullition car il se clarifierait. Servir bien chaud.

ASTUCE

Il m'est arrivé plusieurs fois de travailler avec des escargots frais. Je les fais jeûner pendant 8 jours. Ensuite, je dispose une poignée de sel pour qu'ils bavent et qu'ils dégorgent pendant 2 heures. Je les lave et je les fais blanchir. Je les plonge dans un bouillon salé et poivré (sans vinaigre qui dénaturerait la chair). Je les décoquille. Je les fais cuire 4 heures dans de l'eau salée et vinaigrée additionnée d'un bouquet garni, puis je mets les escargots dans les coquilles et j'ajoute le beurre.

Grenouilles sautées

C'est le plat des bords de la Saône et des étangs des Dombes dans les années 1920-1930.

INGRÉDIENTS POUR 2 PERSONNES >

- 16 à 18 grenouilles fraîches (selon leur taille)
- 1 belle poignée de farine
- 300 g de beurre
- 2 cuillerées à soupe d'huile
- 500 g de persil
- 1 gousse d'ail
- 1 citron
- Sel, poivre

ANECDOTE

Avec le pâté en croûte « Alexandre Dumaine », les grenouilles sautées sont un des grands classiques de chez « Greuze ». Je sers ce plat toute l'année.

1 Saler et poivrer les grenouilles. Les passer à la farine, bien les secouer dans un panier à friture ou une passoire.

2 Dans une poêle, faire chauffer 100 g de beurre et l'huile. Y disposer les grenouilles les unes à côté des autres. Laisser colorer. Les retourner, puis poursuivre la cuisson 5 minutes.

3 Retirer les grenouilles, les égoutter et les aligner dans le fond d'un plat chaud. Jeter le beurre de cuisson.

4 Faire fondre 200 g de beurre sans laisser noircir, puis verser sur les grenouilles. Saupoudrer de persillade réalisée avec le persil et l'ail hachés. Servir aussitôt avec le citron à part.

ASTUCE

Je me procure les grenouilles à Mâcon et je veille à ce qu'elles soient dépecées du jour. En ce qui concerne la gousse d'ail, on veillera à la couper en deux. Pour la hacher comme il faut, on l'aplatit avec un gros couteau. Disposez l'ail cru au fond d'un plat en porcelaine, puis recouvrez de grenouilles. Passez un beurre noisette sur les grenouilles bien chaudes et servez quand il a fini de mousser.

L'assiette du Nord

INGRÉDIENTS POUR 4 PERSONNES >

- 1 beau saumon cru de 800 g à 1 kg en filets
- Gros sel marin
- 4 cuillerées à soupe d'huile d'olive
- 3 à 4 verres de vin blanc sec
- 2 citrons
- 1 pincée d'aneth
- 1 concombre
- 1 oignon
- 2 œufs durs
- 50 g d'œufs de saumon
- 100 g de caviar, du Sevruga de chez Pétrossian (je compte 25 g par personne)
- Ciboulette
- Sel, poivre

SOUVENIR

J'appelais cette recette « assiette finlandaise » jusqu'au jour où des clients d'Helsinki, qui reviennent régulièrement, m'ont appris qu'il ne correspondait pas à ce que l'on servait dans leur pays. C'est alors que je l'ai rebaptisée « L'assiette du Nord ».

1 Saler les filets de saumon au gros sel et les laisser reposer 24 heures au réfrigérateur. Les faire mariner à nouveau 24 heures avec l'huile d'olive, le vin blanc, le jus d'un citron et l'aneth. Réserver la marinade. Escaloper les filets comme un saumon fumé.

2 Peler le concombre et le couper en petits bâtonnets. Faire cuire 10 minutes, puis rafraîchir.

3 Peler l'oignon. L'émincer afin d'obtenir 4 rondelles assez épaisses. Oter le centre de chaque rondelle.

4 Couper les œufs durs en deux. Oter les jaunes et garnir les blancs avec les œufs de saumon.

5 Préparer chaque assiette : disposer du saumon escalopé. Placer au centre une rondelle d'oignon et la recouvrir de caviar. Ajouter les blancs d'œufs garnis d'œufs de saumon et le quart d'un citron. Agrémenter d'un peu de ciboulette. Avant de servir, napper le saumon de marinade à l'aide d'un pinceau. Servir les bâtonnets de concombre à part.

ASTUCE

Je sers ces assiettes avec une vodka bien glacée et du pain de mie grillé. Quelquefois je propose aussi de la crème et je remplace les œufs de saumon par des œufs de hareng.

Emincé de saumon mariné

INGRÉDIENTS POUR 8 PERSONNES >

- 1/2 saumon de 1,5 kg levé en filets
- Huile d'olive
- 1 verre de vin blanc
- 1/2 citron
- Tranches de pain de mie
- Sel

1 Disposer les filets de saumon sur une plaque avec un bon filet d'huile d'olive et le vin blanc. Saler raisonnablement.

2 Laisser reposer 24 heures au réfrigérateur.

3 Escaloper le poisson (détailler en filets très fins). Déposer les émincés sur chaque assiette. Badigeonner légèrement d'huile d'olive avec un pinceau. Servir avec le citron à part et des toasts de pain de mie tièdes.

VIN CONSEILLÉ

Un pouilly-fuissé de la maison Burrier, millésime 96 ou domaine Beauregard

Sardines crues froides

INGRÉDIENTS POUR 4 PERSONNES >

- 20 sardines bien fraîches
- 2 citrons
- Huile d'olive
- Sel

1 Ecailler les sardines à l'aide d'un linge, puis les vider soigneusement. Les essuyer et couper les têtes.

2 Lever les filets et les poser sur quatre assiettes. Saler légèrement. Citronner. Napper d'huile d'olive.

3 Laisser reposer 4 heures au réfrigérateur avant de servir.

VIN CONSEILLÉ

Un pouilly-fuissé de la maison Burrier, millésime 96 ou domaine Beauregard

Œufs pochés aux épinards

Ingrédients pour 4 personnes >

- 10 épinards en branches
- 8 œufs
- 1/2 verre de vinaigre
- 100 g de beurre
- 50 g de farine
- 1 litre de lait
- 200 g de gruyère râpé
- Sel, poivre

1 Laver et équeuter les épinards. Les blanchir. Les égoutter dans un linge, puis les passer à la poêle avec 50 g de beurre. Les disposer dans un plat à gratin.

2 Faire pocher les œufs pendant 3 minutes dans 1 litre d'eau salée et additionnée de vinaigre. Les égoutter et les dresser sur le lit d'épinards.

3 Réaliser une béchamel avec 50 g de beurre, la farine et le lait. En napper les œufs.

4 Saupoudrer de gruyère râpé et faire gratiner au four.

VIN CONSEILLÉ

Un pouilly-fuissé de la maison Burrier, millésime 96 ou domaine Beauregard

Salade de homard façon Jean Ducloux

INGRÉDIENTS POUR 2 PERSONNES >

- 1 homard de 700 g
- 1 artichaut
- 200 g de haricots verts
- 2 tomates
- 4 gros champignons de Paris
- 1 citron
- 3 cuillerées à soupe d'huile d'olive
- 1/2 salade de saison
- 1 tasse de mayonnaise toute prête
- 15 cl de crème fraîche
- 2 ou 3 gouttes de sauce anglaise (Worcester sauce)
- 2 gouttes de vinaigre
- Persil
- Gros sel

REMARQUE

Aujourd'hui, je réalise cette salade avec du homard que l'on trouve plus facilement que la langouste, littéralement hors de prix.

1 Faire cuire le homard dans de l'eau bouillante additionnée d'une poignée de gros sel marin pendant 30 minutes (si vous réalisez cette recette avec de la langouste, il faut la cuire dans de l'eau vinaigrée).

2 Faire cuire l'artichaut 30 minutes à l'eau bouillante salée. Le rafraîchir à l'eau froide, ôter les feuilles pour ne garder que les fonds. Faire cuire les haricots verts pendant 10 minutes dans de l'eau bouillante salée. Ils doivent rester croquants. Les rafraîchir à l'eau froide.

3 Ebouillanter les tomates 2 minutes. Les peler, les épépiner, puis les couper en quartiers. Laver les champignons, les essuyer. Les émincer en julienne.

4 Egoutter les haricots verts sur un linge, puis les assaisonner dans un saladier avec le jus du citron et l'huile d'olive. Ajouter la salade.

5 Couper le homard en deux dans le sens de la longueur. Réserver la carcasse pour le décor. Décortiquer les pinces. Tronçonner la queue en morceaux.

6 Mélanger la mayonnaise, la crème fraîche, la sauce anglaise et le vinaigre.

7 Dresser les tronçons de chair de homard sur un lit de haricots verts et de salade. Napper le homard de sauce. Parsemer de persil haché. Disposer les tomates autour. Parsemer la julienne de champignons. Décorer avec la carcasse. Servir aussitôt.

Salade gourmande à la Greuze

INGRÉDIENTS POUR 4 PERSONNES >

- 4 artichauts moyens
- 150 g de haricots verts fins
- 10 pointes d'asperge
- 200 g de petites salades de saison (mâche, chicorée...)
- 1,5 kg d'écrevisses vivantes (que l'on pourra, selon la saison, remplacer par des langoustines crues passées au beurre)
- 2 cuillerées à soupe de vinaigre
- 100 g de champignons de Paris
- 2 cuillerées à soupe d'huile d'olive
- 4 belles tranches de foie gras cuit
- 4 tomates
- Sel, poivre

1 Faire cuire les artichauts 30 minutes à l'eau bouillante salée. Les rafraîchir à l'eau froide, ôter les feuilles pour ne garder que les fonds. Faire cuire les haricots verts environ 10 minutes à l'eau bouillante salée afin qu'ils restent croquants. Les rafraîchir à l'eau froide. Faire cuire les pointes d'asperge 10 minutes.

2 Laver la salade et les écrevisses. Bien les égoutter. Faire cuire les écrevisses 5 minutes à l'eau salée légèrement vinaigrée. Les égoutter. Décortiquer les queues. Laver les champignons, les essuyer. Les émincer en julienne.

3 Préparer la vinaigrette avec l'huile et 1 cuillerée à soupe de vinaigre. Saler, poivrer. Sur chaque assiette, disposer la salade et les haricots verts. Ajouter les pointes d'asperge, les fonds d'artichaut escalopés et, par-dessus, les tranches de foie gras.

4 Arroser de vinaigrette (on peut aussi la servir à part). Ajouter des quartiers de tomates pelées et épépinées. Parsemer de champignons. Servir avec un petit pain bien frais.

VIN CONSEILLÉ

Un pouilly-fuissé de la maison Burrier, millésime 96 ou domaine Beauregard

SOUVENIR

C'est un plat que j'ai institué vers 1950, c'est-à-dire à mes débuts. Depuis 1990, j'ai simplement remplacé les écrevisses par des langoustines. C'est un plat comme je les aime, gourmand, et que chacun peut picorer à sa guise. L'assiette est très complète et l'on choisit au gré de son humeur ou du plaisir visuel des différents mets.

Saucisson chaud pommes vapeur

INGRÉDIENTS POUR 2 PERSONNES >

- 1 carotte
- 1 oignon
- 1 bouquet garni
- 1 beau saucisson
- 6 pommes de terre (rattes ou hollande)
- 1 verre d'huile
- 1 cuillerée à soupe de vinaigre
- 65 g de beurre doux frais ou demi-sel
- Persil

1 Verser de l'eau dans une casserole. Ajouter la carotte et l'oignon pelés ainsi que le bouquet garni. Saler. Porter à ébullition pendant 30 minutes.

2 Pocher le saucisson dans ce bouillon afin qu'il garde toute sa saveur.

3 Peler les pommes de terre. Les faire cuire à la vapeur.

4 Préparer une vinaigrette avec l'huile et le vinaigre. Servir le saucisson avec le beurre et la salade de pommes de terre, tièdes et pas trop fermes, en vinaigrette. Décorer avec le persil. Là encore, tout est dans ce que j'appelle le « goûteux ».

ASTUCE

Mon coup de patte : surtout ne jamais faire cuire le saucisson dans l'eau froide mais préparer une eau de cuisson « à ma façon ». La cuisson dans l'eau froide relève de l'hérésie : elle lave le saucisson et lui ôte toute sa saveur.

Terrine de foie gras frais en gelée

C'est la recette personnelle de Laurent Paul Para, chef chez Jean Ducloux depuis dix ans.

INGRÉDIENTS POUR 8 PERSONNES

- 1,3 kg de foie gras frais
- 50 cl de lait
- 1 verre de cognac
- 1 verre de porto
- 20 g de sel fin (1/2 cuillerée à soupe)
- 5 g (une petite pincée) de sel rose (sel de conservation que l'on se procurera chez le boucher)
- 2 g de sel nitrité (sel de conservation que l'on se procurera chez le boucher)
- 5 g de paprika (1 cuillerée à café)
- 1 belle tranche de barde de porc
- Gros sel
- Tranches de pain de mie ou de pain de campagne
- 250 g de gelée toute prête

Choisir son foie gras

A l'œil, le foie gras frais ne doit surtout pas se présenter sous une couleur blanchâtre, mais bien plutôt jaune pâle, c'est déjà un bon critère de qualité ; il tend à prouver que la bête a bien été nourrie au maïs. On remarquera aussi que le foie ne comporte pas la moindre tache de sang, la moindre trace d'ecchymose qui révélerait que le foie a été mal ôté. Et puis au toucher, le foie doit s'avérer moelleux, même froid. Il doit être souple. On ouvrira les lobes sans les séparer pour vérifier que la qualité intérieure est bien identique à la qualité extérieure. Touche finale : humer la chair et bien observer le brillant.

1 Faire dégorger le foie gras à température de cuisine dans un faitout rempli de lait et d'eau à hauteur. Laisser reposer 6 heures à la température ambiante de la cuisine.

2 Sortir du faitout le foie gras dégorgé. Bien l'essuyer avec un linge passé à l'eau et posé sur une table. Le dénerver. Pour cette opération délicate, séparer les deux lobes avec un couteau rond de manière à ne pas sectionner les artères, mais au contraire à simplement les enlever. Le gros lobe se présente sous forme de « Y » inversé en ce qui concerne les artères. Le disposer sur un petit plat de réserve.

(Suite de la recette page suivante)

Terrine de foie gras frais en gelée

3 Verser le cognac et le porto sur le foie gras. Assaisonner avec les différents sels et le paprika. Faire mariner le mélange une nuit au réfrigérateur ou dans une chambre froide.

4 Le lendemain, ressortir les foies du réfrigérateur et les laisser à température ambiante pendant 30 minutes. Pendant ce temps, faire préchauffer le four à 90° C (th. 3) (plutôt 80 °C que 100° C).

5 Tapisser une terrine en terre ou en porcelaine allant au four avec une belle tranche de barde de porc très fine mais se tenant bien. La faire dépasser de la terrine. Remplir la terrine à hauteur avec les foies entiers et marinés. Recouvrir avec la barde. Poser une feuille de papier aluminium sur le dessus. Enfourner au bain-marie pendant 1 heure. Vérifier la cuisson en prenant une aiguille : la piquer au centre afin de s'assurer que le foie est ce qu'on appelle « à cœur », juste tiède. Le foie ne doit pas fondre mais cuire.

6 Sortir la terrine du four. Poser dessus une planchette en bois épousant exactement la forme de la terrine, compresser en lestant la planchette d'un poids de 500 g à 1 kg. Placer au réfrigérateur et démouler le lendemain matin.

7 Servir en tranches avec la gelée, des toasts ou du pain de campagne grillé. Il importe que le foie ne soit pas trop froid. Ses arômes doivent ressortir comme un vin. Au final, une opération qui nécessite trois jours de préparation... Mais un tel foie gras, c'est sublime !

ASTUCE

Pour bien découper le foie gras en tranches, choisir un couteau très fin dont on passe la lame sous l'eau chaude. Quant à la gelée, elle est trop difficile à réaliser. Mieux vaut l'acheter chez un bon charcutier.

Terrine de foies de volaille ou terrine simple

INGRÉDIENTS POUR 5 PERSONNES >

- 250 g de noix de veau
- 250 g de filet de porc
- 250 g de gorge de porc
- 1/2 verre de cognac
- 3 cuillerées à soupe d'huile
- 1 échalote
- 1 pincée de quatre-épices
- Beurre
- 3 foies de volaille
- 100 g de lard gras
- 3 bardes de lard gras que l'on se procurera chez le charcutier
- 2 œufs
- 2 cuillerées à soupe de farine
- 1 cuillerée à soupe de crème fraîche
- 250 g de gelée toute prête
- Sel, poivre

SOUVENIR

Je fais ressembler de plus en plus ma terrine aux pâtés de campagne que l'on servait autrefois dans les bistrots. Elle doit surtout être sans ail. Pour moi, elle s'approche d'une vraie terrine, pas trop riche, qu'il convient de remettre à l'honneur.

1 Faire mariner une demi-journée (surtout pas au réfrigérateur) la noix de veau coupée en petits carrés, le filet de porc coupé en petits carrés, la gorge de porc hachée avec le cognac, l'huile, l'échalote pelée et hachée. Saler, poivrer. Ajouter le quatre-épices. Réserver.

2 Faire revenir au beurre les foies de volaille émincés avec le lard gras coupé en petits carrés. Passer au hachoir à grille moyenne. Incorporer à la préparation précédente.

3 Ajouter les œufs entiers, la farine, la crème et le jus de la marinade. Mélanger bien.

4 Barder une terrine rectangulaire allant au four de lard gras. Recouvrir de farce et disposer les bardes à la surface.

5 Placer la terrine dans un plat rempli d'eau à mi-hauteur. Faire cuire au four au bain-marie à 150° C pendant environ 1 h 30. Vous jugerez vous-même de la qualité de votre terrine en la sondant avec une aiguille pour voir si l'intérieur est brûlant ou bien à cœur. Dans ce cas, sortir aussitôt la terrine du four. Laisser refroidir. Avant le refroidissement complet, poser une planche recouvrant le dessus de la terrine. Lester avec un poids d'un kilo pour que votre terrine soit bien consistante. Servir en tranches avec la gelée.

VIN CONSEILLÉ

Un pouilly-fuissé de la maison Burrier, millésime 96 ou domaine Beauregard

Le pâté en croûte « Alexandre Dumaine »

Du nom du célèbre restaurant de Saulieu, ancêtre de « La Côte d'Or » de mon ami Bernard Loiseau.

INGRÉDIENTS POUR 6 PERSONNES

- 300 g de noix de veau
- 300 g de noix de porc
- 1 bon verre de vin blanc
- 1 bon verre de digestif (cognac ou armagnac)
- 1/2 cuillerée à café de quatre-épices
- 500 g de gorge de porc
- 100 g de foie gras environ
- 500 g de farine
- 300 g de beurre
- 3 œufs
- 2 bardes de lard
- 6 truffes en morceaux
- 1 poignée de pistaches décortiquées
- 1 œuf
- 50 cl de gelée
- Sel, poivre

ANECDOTE

C'est une recette tout à la fois simplissime et extrêmement difficile à réaliser, car on n'est jamais sûr de disposer des mêmes ingrédients. Je sais que certains Américains traversent régulièrement l'Atlantique uniquement pour manger ce fameux pâté en croûte « Alexandre Dumaine » que j'ai tenu à baptiser ainsi en hommage à ce très, très grand monsieur de la restauration qui était membre de l'académie des Cent.

1 Couper la noix de veau et la noix de porc en petits cubes. Les faire mariner avec le vin blanc, le digestif, du sel, du poivre et le quatre-épices pendant toute une nuit.

2 Passer la gorge de porc à la machine à hacher et l'assaisonner. Mélanger la gorge de porc à la viande marinée. Incorporer le foie gras coupé en petits dés. Réserver cette farce.

3 Faire une pâte brisée avec la farine, le beurre et 2 œufs. On pourra également se procurer de la pâte chez le pâtissier ou le boulanger.

4 Placer une barde de lard au fond d'un moule à pâté. Disposer la pâte brisée. Remplir de farce la moitié du moule. Ajouter les truffes en morceaux, les pistaches, puis le reste de farce. Recouvrir le tout d'une barde de lard, puis fermer avec le reste de pâte.

5 Faire deux trous dans ce couvercle de pâte, tenus ouverts avec deux petits cornets en carton. Veiller à ce que la pâte ne se recouvre pas. Au pinceau, dorer le dessus du pâté avec un œuf battu avec un peu d'eau. Enfourner 1 heure à 250° C (th. 8/9). Laisser refroidir.

6 Couler la gelée froide, juste avant qu'elle ait pris, par les deux trous qui sont restés dans la croûte. Laisser reposer au réfrigérateur une journée. Vous avez là l'un des meilleurs pâtés en croûte au monde.

VIN CONSEILLÉ

Un côtes-de-beaune, Chassagne 1er cru, Les Ruchottes, 1999

Bouchées à la reine

Ingrédients pour 4 personnes >

- 300 g de champignons de Paris
- 100 g de morilles
- 100 g de trompettes-de-la-mort
- 45 g de beurre
- 1 échalote
- 4 feuilletages que l'on se procurera chez le pâtissier

Pour la béchamel

- 30 g de beurre
- 30 g de farine
- 50 cl de lait
- Noix de muscade râpée
- Sel, poivre

1 Préparer la béchamel. Faire fondre le beurre. Ajouter la farine. Laisser cuire en remuant. Quand on obtient une belle couleur blonde, verser le lait en remuant. Ajouter la muscade. Saler, poivrer. Laisser cuire 10 minutes sur feu doux. Réserver.

2 Couper le pied des champignons de Paris. Essuyer les chapeaux avec du papier absorbant. Couper les morilles en deux, puis les faire tremper dans l'eau tiède en cinq bains successifs. Couper le pied des trompettes-de-la-mort. Les faire dégorger dans de l'eau tiède.

3 Dans une casserole, mettre les morilles dans un fond d'eau salée et 20 g de beurre. Porter à ébullition pendant 20 minutes. Procéder de même avec les trompettes-de-la-mort, puis avec les morilles. Quand tous les champignons sont cuits, les égoutter.

4 Emincer les champignons de Paris, puis les faire poêler dans 25 g de beurre avec les échalotes ciselées.

5 Remplir les feuilletages réchauffés au four avec les trois variétés de champignons et ajouter la béchamel. Enfourner pendant 5 minutes à 220° C (th. 7/8).

ASTUCE

Il faut procéder par étapes : bien faire dégorger les champignons séparément, puis les faire revenir dans la poêle.

Mes plats

Saint-Jacques à la nage	*86*
Merlans frits Jean Ducloux	*88*
Ecrevisses à la nage	*89*
La morue à ma façon	*92*
Timbale de homard Jean Ducloux	*93*
Feuilleté de homard safrané	*96*
Feuilleté de brochet frais	*98*
Escalopes de saumon grillées, épinards en branches	*100*
Mon gratin d'écrevisses	*101*
Filets de sole en goujonnettes à la crème de citron	*104*
La carpe farcie du Vendredi saint	*106*
Mes poissons au beurre blanc à l'estragon	*107*
Galette de truffe Jean Ducloux	*110*
La blanquette de champignons	*112*
Gratin dauphinois Jean Ducloux	*113*
Flan de courgettes	*116*
Ma moussaka	*117*
Carré d'agneau rôti	*118*
Sauté de veau Marengo	*120*
Les ris de veau à la crème	*121*
Rognons de veau à la dijonnaise	*122*
Potée bourguignonne	*124*
Steak au poivre façon Jean Ducloux	*125*
Tranche de bœuf poêlée à la moelle à la bourguignonne	*128*
Canard de Challans en deux services avec sa duxelles	*130*
Civet de lièvre	*132*
Ma gibelotte de lapereau	*133*
Le râble de lièvre, sauce civet	*134*
Mes pigeons rôtis aux légumes frais	*136*
Ma dernière bécasse	*137*
Poulet sauté au vinaigre	*138*
Le coq au vin	*140*
Volaille de Bresse truffée en marmite	*141*
Poulet sauté aux gousses d'ail en chemise	*144*
Le poulet à la crème	*146*

Saint-Jacques à la nage

INGRÉDIENTS POUR 4 PERSONNES >

- 1 carotte
- 1 branche de céleri
- 150 g de fenouil
- 1 poireau
- 1 oignon
- 1 échalote
- 1 tête d'ail
- 1 verre de vinaigre blanc
- 50 cl de vin blanc
- Gros sel
- 24 noix de belles Saint-Jacques avec le corail

POUR LA BOURSE

- 1/2 cuillerée à café de poivre concassé
- 1/2 cuillerée à café de fenouil concassé
- 1/2 cuillerée à café de coriandre déshydratée
- 1 étoile de badiane concassée
- 1/2 cuillerée à café de genièvre concassé

1 Préparer les légumes. Peler et émincer la carotte. Emincer finement la branche de céleri, le fenouil et le poireau. Ciseler finement l'oignon, l'échalote et l'ail.

2 Remplir un grand faitout avec 1 litre d'eau. Ajouter le vinaigre et le vin blanc. Incorporer tous les légumes préparés. Saler avec le gros sel. Porter à ébullition sur feu doux.

3 Pendant ce temps, préparer la bourse : un mouchoir rempli de poivre, de fenouil, de coriandre, de badiane et de genièvre. Plonger la bourse dans la nage.

4 Quand les carottes sont cuites dans la nage et quand la bourse a bien infusé, laisser refroidir.

5 Le lendemain, réchauffer la nage et faire cuire les noix de Saint-Jacques pendant 2 minutes dans la nage froide portée à ébullition. Servir dans des assiettes individuelles.

VIN CONSEILLÉ

Un côtes-de-beaune, Chassagne 1er cru, les Ruchottes, 1999

Merlans frits Jean Ducloux

INGRÉDIENTS POUR 2 PERSONNES >

- 2 beaux merlans de 400 à 500 g
- 1 tasse de lait
- 2 cuillerées à soupe de farine
- 1 litre d'huile
- 1 bouquet de persil
- 2 citrons
- Sel

1 Vider et bien laver les merlans. Les essuyer avec un linge. Les passer dans le lait, puis dans la farine.

2 Dans une bassine à friture, faire chauffer l'huile (il convient qu'elle soit très chaude, sans toutefois qu'elle ait tendance à brûler). Y plonger les merlans pendant 8 minutes en les retournant une fois. Les égoutter sur une grille. Saler.

3 Laver et serrer le persil dans un linge pour qu'il soit bien sec. Le plonger 2 secondes dans la friture. Egoutter.

4 Dresser aussitôt les merlans sur une assiette avec le persil frit et le citron coupé en deux.

VIN CONSEILLÉ

Un pouilly-fuissé de la maison Burrier, millésime 96 ou domaine Beauregard

ANECDOTE

Pour ma part, je n'aime pas le célèbre merlan en colère, car l'arête est cassée en deux. Je préfère servir avec deux beaux filets, comme à la belle époque.

Ecrevisses à la nage

INGRÉDIENTS POUR 4 PERSONNES >

- 32 écrevisses
- Court-bouillon (voir recette p. 23)
- 1 bouquet de persil

REMARQUE

Pour cette recette, le court-bouillon est essentiel, c'est lui qui donne la juste mesure des choses. Il révèle la saveur de la chair des crustacés. Il faut le goûter avant de plonger les écrevisses pour bien rectifier l'assaisonnement

1. Laver les écrevisses, les châtrer (enlever le boyau).

2. Préparer le court-bouillon. Y plonger les écrevisses 4 minutes. Laisser refroidir pour qu'elles s'imprègnent de la saveur du court-bouillon. Toute la subtilité réside dans ce processus. Quand le court-bouillon est froid, retirer les écrevisses.

3. Servir avec un bouquet de persil en branches. Pour ma part, je sers les écrevisses à la nage, c'est-à-dire dans le court-bouillon. Dans une assiette à part, je les accompagne d'un beurre blanc à l'estragon ou d'un beurre blanc citronné.

VIN CONSEILLÉ

Un côtes-de-beaune, Chassagne 1er cru, Les Ruchottes, 1999

La morue à ma façon

INGRÉDIENTS POUR 4 PERSONNES >

- 1 kg de morue (4 tranches de cabillaud frais)
- Gros sel marin
- 2 verres de lait

REMARQUE

Autrefois, on salait la morue, autrement dit du cabillaud, que l'on conservait dans du sel. Maintenant, sitôt pêché, le poisson est congelé et forcément moins bon.

1 Mettre les tranches de cabillaud 24 heures dans le gros sel. Bien les laver.

2 Dans une sauteuse, les faire pocher dans l'eau froide et le lait. Précision d'importance : commencer « le pochage » à froid, doucement jusqu'à ébullition, pendant environ 10 minutes. A ce moment-là, on laisse le poisson refroidir.

CONSEIL

Je sers la morue avec de l'aïoli : ma recette de mayonnaise avec de l'ail. Une garniture de fenouil poché, coupé en deux, des carottes et des pommes vapeur accompagnent parfaitement ce plat très savoureux.

Timbale de homard Jean Ducloux

Ingrédients pour 2 personnes >

- 1 homard d'environ 500 g
- Court-bouillon (voir recette p. 23)

Pour la sauce américaine

- 1 carotte
- 1/2 oignon
- 1 échalote
- Carcasse et pattes du homard
- 4 cuillerées à soupe d'huile d'olive
- 1 tomate
- 1 cuillerée à soupe de concentré de tomate
- 25 cl de vin blanc
- Gros sel
- Poivre blanc
- 1 feuille de laurier
- Quelques brins d'estragon

REMARQUE

Pour cette recette, préférez le homard breton. Souvent très cher, il peut cependant être remplacé par du homard canadien, deux fois moins onéreux.

1 Pocher le homard au court-bouillon jusqu'à ébullition. Après 15 minutes de cuisson, laisser refroidir. Décortiquer le homard. Réserver la chair, la carapace et les pattes.

2 Préparer la sauce américaine. Tailler en mirepoix (c'est-à-dire en cubes) la carotte, l'oignon et l'échalote pelés. Concasser la carcasse du homard. Dans un faitout, la faire revenir avec les pattes dans l'huile d'olive. Ajouter les légumes, la tomate coupée en quatre, puis le concentré de tomate. Verser le vin blanc. Faire flamber, puis incorporer 25 cl d'eau.

3 Assaisonner avec 1 pincée de gros sel, le poivre concassé, le laurier et l'estragon. Faire cuire 20 minutes, puis passer la sauce au chinois. Faire réduire de moitié.

4 Couper le homard en morceaux et les plonger dans la sauce américaine. Servir aussitôt. Pour ma part, je les accompagne d'épinards juste blanchis et de quenelles de brochet que l'on se procurera dans le commerce.

VIN CONSEILLÉ

Un côtes-de-beaune, Chassagne 1er cru, Les Ruchottes, 1999

Feuilleté de homard safrané

INGRÉDIENTS POUR 2 PERSONNES >

- 1 homard de 500 g
- 3 g de safran en poudre
- 1 cuillerée à café de farine
- 25 cl de vin blanc sec
- 1 cuillerée à café de concentré de tomate
- 2 feuilletés de 15 cm que l'on se procurera chez le pâtissier

POUR LA MIREPOIX

- 1 carotte
- 1/2 oignon
- 1 branche de céleri
- 30 g de beurre

1 Préparer la mirepoix. Détailler les légumes en dés et les faire revenir dans le beurre. Faire cuire 20 minutes.

2 Couper le homard en deux dans le sens de la longueur, après l'avoir bien nettoyé. Le saler. Le passer au four à 220° C (th. 7/8). Le faire griller environ 15 minutes.

3 Piler la carcasse du homard. La faire colorer avec la mirepoix pendant 10 minutes. Ajouter le safran et la farine. Verser le vin blanc, puis le concentré de tomate. Laisser cuire 15 minutes. Passer au chinois.

4 Couper chaque feuilleté en deux. Mettre un demi-homard au milieu. Napper de sauce. Couvrir avec le couvercle de pâte. Servir aussitôt avec la sauce en accompagnement à part.

VIN CONSEILLÉ

Un côtes-de-beaune, Chassagne 1er cru, Les Ruchottes, 1999

Feuilleté de brochet frais

INGRÉDIENTS
POUR 4 PERSONNES >

- 4 filets de brochet d'environ 150 g chacun
- 150 g de beurre
- 2 échalotes
- 200 g de champignons de Paris
- 1 1/2 verre de vin blanc
- 3 ou 4 jaunes d'œufs
- 25 cl de crème fraîche
- 4 feuilletés au beurre rectangulaires (5-6 cm x 10-12 cm) que l'on se procurera chez le pâtissier
- 4 lamelles de truffes
- Sel, poivre

1 Oter les arêtes des filets de brochet avec une pince à épiler.

2 Dans une sauteuse, faire fondre 30 g de beurre. Ajouter les échalotes pelées et hachées, les champignons de Paris bien lavés et émincés, puis le vin blanc. Saler, poivrer.

3 Couvrir la sauteuse avec un papier beurré (ou une feuille de papier aluminium). Enfourner la sauteuse à 250° C (th. 8/9). Compter 10 minutes après le début de l'ébullition.

4 Oter les filets de brochet de la sauteuse. Faire réduire la sauce de moitié en la liant avec les jaunes d'œufs mélangés à la crème fraîche. Ajouter 120 g de beurre.

5 Fendre en deux chaque feuilleté dans l'épaisseur. Poser chaque filet de brochet à l'intérieur. Napper avec la sauce. Disposer le couvercle de pâte et des lamelles de truffes. Servir aussitôt.

ASTUCE

Il est impératif que le brochet ait été pêché le jour même. C'est à cette seule condition que les arêtes s'enlèveront pratiquement d'elles-mêmes. Il est inutile de préciser qu'il faut préférer de très loin le brochet de rivière à celui de l'étang, car c'est le courant qui donne la vigueur et le caractère à la chair.

Escalopes de saumon grillées, épinards en branches

INGRÉDIENTS POUR 4 PERSONNES >

- 1,5 kg d'épinards en branches
- 40 g de beurre
- 4 tomates
- 1 beau filet de saumon de 800 g
- 200 g de farine
- Huile
- 2 citrons

1 Equeuter les épinards. Les blanchir, puis les passer au beurre noisette, c'est-à-dire légèrement foncé. Réserver. Peler et épépiner les tomates. Couper la chair en dés. Réserver.

2 Couper le filet de saumon en tranches. Le passer à la farine, puis bien les « égoutter » pour que le surplus de farine tombe.

3 Badigeonner d'huile chaque morceau de saumon à l'aide d'un pinceau.

4 Faire griller les escalopes de saumon très, très doucement sur un gril pendant environ 10 minutes en les retournant deux ou trois fois.

5 Servir les escalopes de saumon avec les épinards, les tomates et les citrons coupés en deux.

VIN CONSEILLÉ

Un côtes-de-beaune, Chassagne 1er cru, Les Ruchottes, 1999

Mon gratin d'écrevisses

INGRÉDIENTS POUR 5 À 6 PERSONNES

- 40 g de beurre
- 35 g d'épinards ciselés
- 600 à 700 g de queues d'écrevisse décortiquées cuites

POUR LA SAUCE NANTUA

- 1 kg d'écrevisses vivantes
- 1/2 verre d'huile d'olive
- 1 poignée de carottes et d'oignons pelés et finement coupés en carrés
- 1 petit verre de cognac
- 2 verres de vin blanc sec
- 1 petit bouquet garni
- 2 branches d'estragon
- 1 cuillerée à café de concentré de tomate
- 100 g de beurre manié avec 20 g de farine
- 2 cuillerées à soupe de crème fraîche épaisse

POUR LE SABAYON

- 4 jaunes d'œufs
- 50 cl de crème fraîche
- Sel, poivre de Cayenne

La veille, préparer la sauce Nantua. Laver et châtrer les écrevisses. Les passer à l'huile d'olive dans une sauteuse sur feu vif avec le mélange de carottes et d'oignons. Enlever l'huile et flamber au cognac. Mouiller avec le vin blanc sec. Ajouter le bouquet garni, l'estragon et le concentré de tomate. Laisser cuire à feu doux 10 minutes. Oter les écrevisses. Lier la sauce avec le beurre manié. Passer la sauce au chinois, puis incorporer la crème fraîche.

(Suite de la recette page suivante)

Mon gratin d'écrevisses

2 Le jour même, préparer le sabayon. Dans une casserole, mélanger les jaunes d'œufs et la crème fraîche. Fouetter sur feu très doux jusqu'à ce que la préparation prenne de plus en plus d'épaisseur. Saler et ajouter une pointe de poivre de Cayenne.

REMARQUE

Voilà ce qu'est un gratin avec tout ce que cela suppose de saveur, de subtilité, de finesse et de déclinaison des senteurs et des promesses d'arrière-goût sur le palais !

3 Préparer le gratin d'écrevisses. Faire fondre le beurre dans une sauteuse. Y mettre les épinards à suer sur feu doux pendant 2 minutes. Ajouter les écrevisses et laisser sur le feu 2 à 3 minutes, juste pour chauffer.

4 Faire réchauffer deux louches de sauce Nantua additionnée de sabayon sur feu très doux. Garnir six plats à gratin individuels du mélange d'écrevisses et d'épinards. Napper de sauce chaude. Faire gratiner à la salamandre sans bouillir. Servir immédiatement.

VIN CONSEILLÉ

Un côtes-de-beaune, Chassagne 1er cru, Les Ruchottes, 1999

Filets de sole en goujonnettes à la crème de citron

Cette recette s'applique aussi aux noix de Saint-Jacques.

INGRÉDIENTS POUR 4 PERSONNES >

- 8 beaux filets de sole
- Court-bouillon (voir recette p. 23)
- 500 g d'épinards
- 30 g de beurre
- Persil
- 2 citrons
- Sel, poivre de Cayenne

POUR LA CRÈME DE CITRON

- 150 g de beurre
- 50 g de farine
- 25 cl de lait
- 1/4 de citron

REMARQUE

Le terme « en goujonnettes » désigne la manière dont on lève et taille les filets de sole de la grandeur d'un goujon. D'une manière générale, ils sont donc coupés en diagonale par votre poissonnier.

1 Faire détailler les filets de sole en goujonnettes par le poissonnier. Les faire pocher au court-bouillon pendant 7 à 8 minutes. Bien égoutter les filets.

2 Préparer les épinards. Les plonger dans de l'eau bouillante salée. Attention : ils réduisent beaucoup. Les passer rapidement à la poêle avec le beurre. Réserver.

3 Préparer la crème de citron. Dans une casserole, faire fondre 50 g de beurre sur feu doux. Incorporer la farine. Mélanger, puis verser le lait en remuant sans cesse. Monter cette béchamel en incorporant 100 g de beurre en morceaux. Ajouter le jus de citron.

4 Parsemer les goujonnettes de persil. Les accompagner d'épinards et de citrons coupés en tranches. Servir avec le court-bouillon et la crème de citron à part.

VIN CONSEILLÉ

Un pouilly-fuissé de la maison Burrier, millésime 96 ou domaine Beauregard

La carpe farcie du Vendredi saint

Ingrédients pour 4 personnes >

- 1 kg de champignons de Paris
- 4 à 5 échalotes
- 25 cl de crème fraîche
- 2 œufs
- 1 belle carpe de rivière (ou à défaut d'étang) bien fraîche de 2 kg
- 50 g de beurre
- 25 cl de vin blanc sec
- 4 jaunes d'œufs
- Sel

1. Faire une duxelles avec les champignons. Les laver, les hacher, les serrer dans un linge pour les égoutter. Dans une casserole, faire suer les échalotes pelées et finement hachées. Ajouter les champignons hachés. Laisser cuire 15 minutes. Saler. Ajouter 1 cuillerée à soupe de crème fraîche et les œufs entiers battus.

2. Laver la carpe et la vider. La garnir de duxelles froide. Bien recoudre le ventre de la carpe avec une ficelle.

3. Disposer la carpe dans un plat ovale allant au four. Ajouter le beurre en morceaux. Verser le vin blanc. Enfourner 45 minutes à 220° C (th. 7/8). En fin de cuisson, recouvrir d'une feuille de papier aluminium : la carpe doit rôtir sans colorer.

4. Dresser la carpe sur un plat. Lever les filets. Verser le reste de crème et les jaunes d'œufs dans le jus de cuisson. Servir les filets à l'assiette avec la duxelles et la sauce.

VIN CONSEILLÉ

Un pouilly-fuissé de la maison Burrier, millésime 96 ou domaine Beauregard

Mes poissons au beurre blanc à l'estragon

Ingrédients pour 2 personnes

- 2 beaux filets levés de turbot, de sole ou de saint-pierre de belle dimension (1 à 2 kg)
- 100 g de farine
- 1 cuillerée à soupe d'huile
- 2 tomates
- 150 g de beurre
- 500 g d'épinards en branches
- 1 citron
- Sel

Pour le beurre blanc à l'estragon

- 30 g d'estragon
- 1 échalote
- 15 g de poivre concassé
- 3 cuillerées à soupe de vinaigre blanc
- 3 cuillerées à soupe de vin blanc
- 25 cl de béchamel
- 1 cuillerée à soupe de crème fraîche
- 100 g de beurre

1 Préparer le beurre blanc à l'estragon. Dans une casserole, mettre l'estragon haché, l'échalote émincée, le poivre, le vinaigre et le vin blanc. Laisser réduire à sec. Incorporer la béchamel, la crème fraîche, puis le beurre. Bien mélanger. Passer au chinois. Réserver au chaud.

2 Laver les filets de poisson. Les égoutter dans un linge. Les passer à la farine, puis les huiler à l'aide d'un pinceau. Les quadriller en diagonale sur un gril. Passer chaque côté 4 minutes sur le gril très chaud. Réserver au chaud.

3 Faire griller les tomates entières de la même façon.

4 Tapisser une poêle ovale d'une feuille de papier aluminium en la faisant dépasser. Disposer les filets dessus. Enfourner pendant 15 minutes à 200° C (th. 6/7).

5 Dans une poêle, faire fondre 50 g de beurre. Saler. Y jeter les épinards préalablement équeutés. Couvrir d'un couvercle et faire cuire 3 minutes en remuant. Les égoutter.

6 Dresser les filets de poisson sur un plat avec les épinards, les tomates grillées et le citron coupé en deux. Servir aussitôt avec le beurre blanc à l'estragon.

VIN CONSEILLÉ

Un côtes-de-beaune, Chassagne 1er cru, Les Ruchottes, 1999

Galette de truffe Jean Ducloux

Ingrédients pour 2 personnes

- 4 disques de feuilletage cru minces de 12 cm environ que l'on se procurera chez le pâtissier
- 4 petites tranches de foie gras cuit
- 50 g de truffe en morceaux
- 1 jaune d'œuf
- 100 g de champignons de Paris
- 20 g de beurre
- 25 g de pelures de truffe
- 50 cl de jus de truffe que l'on se procurera dans une épicerie fine
- 2 cuillerées à soupe de porto
- 2 cuillerées à soupe de jus de veau que l'on se procurera chez l'épicier

SOUVENIR

Quand j'ai appris le métier voilà soixante ans, on faisait ce qu'on appelle « la truffe serviette ». Une truffe entière était cuite dans un poêlon individuel. Elle était mouillée d'un verre de chambertin avec un peu de glace de viande. On servait. Le client arborait une serviette que l'on rabattait sur la tête. Il avait simplement à humer avant de déguster.

1 Sur chaque disque de feuilletage, disposer une tranche de foie gras. Ajouter la truffe émincée.

2 Recouvrir avec le second disque de feuilletage. Mouiller les bords avec un peu d'eau afin qu'ils se collent à la cuisson. A l'aide d'un pinceau, dorer la pâte avec le jaune d'œuf battu avec un peu d'eau. Enfourner pendant 30 minutes à 220° C (th. 7/8).

3 Pendant ce temps, réaliser une julienne de champignons en les émincant dans un seul sens. Dans une petite sauteuse, faire fondre le beurre. Ajouter les champignons, les pelures de truffe, le jus de truffe, le porto, le jus de veau et une tranche de foie gras coupée en petits dés. Faire cuire 5 minutes.

4 Mettre la galette dans une grande assiette chaude. Verser un peu de sauce tout autour et le reste… en saucière !

CONSEIL

Achetez toujours la truffe de première ébullition. Elle est presque crue, et hélas fort onéreuse. C'est un plat d'exception relativement moderne et facile à réaliser. Il faut savoir que la truffe crue n'existe que pendant deux mois (décembre et janvier).

La blanquette de champignons

Un accompagnement idéal avec des ris de veau blanchis, coupés en morceaux et sautés. Nostalgie, là encore…

INGRÉDIENTS POUR 4 PERSONNES >

- 400 g de mousserons des prés
- 80 g de trompettes-de-la-mort
- 50 g de morilles
- 50 g de beurre
- 4 cuillerées à soupe de crème fraîche

1 Hacher les mousserons et les trompettes-de-la mort. Couper les morilles en morceaux.

2 Dans une poêle, faire sauter les mousserons avec du beurre. Ajouter successivement les morilles puis, à la fin, les trompettes-de-la-mort.

3 Incorporer la crème fraîche. Verser la préparation dans une casserole et faire cuire sur feu doux 15 minutes.

Gratin dauphinois Jean Ducloux

Ingrédients pour 6 personnes

- 2 kg de pommes de terre (bintje)
- 1 litre de lait
- 50 cl de crème liquide
- 1 pointe de muscade râpée
- 2 gousses d'ail
- 4 cuillerées à soupe de crème fraîche
- 150 g de gruyère râpé
- Sel, poivre

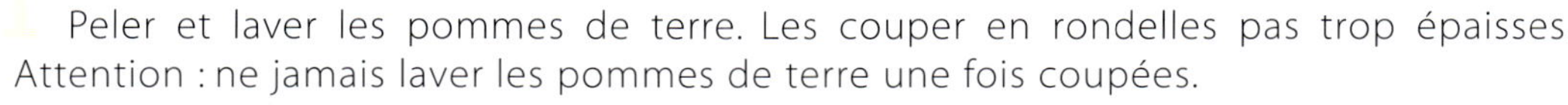

1 Peler et laver les pommes de terre. Les couper en rondelles pas trop épaisses. Attention : ne jamais laver les pommes de terre une fois coupées.

2 Dans une casserole, verser le lait, la crème, la muscade et 1 gousse d'ail écrasée. Saler, poivrer. Faire chauffer sur feu moyen.

3 Lorsque le lait bout, y plonger les pommes de terre. Remuer le tout et laisser cuire 10 minutes.

4 Passer généreusement un grand plat en terre à l'ail. Y verser les pommes de terre et leur jus de cuisson. Enfourner au bain-marie à 220° C (th. 7/8) pendant 2 bonnes heures. Si le gratin colore trop, le recouvrir d'une feuille de papier aluminium.

5 Etaler la crème fraîche sur le dessus du gratin. Saupoudrer de gruyère. Passer sous la salamandre ou sous le gril du four pendant quelques minutes.

Flan de courgettes

C'est mon invention des années 1970.

INGRÉDIENTS
POUR 8 PERSONNES >

- 4 courgettes
- 2 oignons
- 50 g de beurre
- 30 g de farine
- 1 tomate
- 3 œufs

POUR LE BEURRE BLANC

- 160 g de beurre
- 10 g de farine
- 25 cl de lait

1 Peler les courgettes. Les couper en petits dés. Peler et hacher les oignons.

2 Dans une poêle, faire suer les oignons dans 25 g de beurre sans trop laisser colorer. Ajouter les dés de courgettes. Faire sauter sans trop laisser cuire.

3 Incorporer la farine, la tomate concassée et les œufs. Mélanger bien le tout hors du feu.

4 Beurrer des petits moules individuels. Les remplir de la préparation précédente et les faire cuire au bain-marie, environ 15 minutes au four à 120° C (th. 4).

5 Pendant ce temps, préparer le beurre blanc. Faire une béchamel avec 10 g de beurre, la farine et le lait. Incorporer 150 g de beurre.

6 Au moment de servir, démouler les flans dans des petites assiettes. Napper avec du beurre blanc. Servir aussitôt.

Ma moussaka

Gâteau d'aubergines « à ma façon »…

INGRÉDIENTS POUR 6 PERSONNES >

- 4 aubergines de belle taille
- 50 g de beurre
- 1 cuillerée à café de concentré de tomate
- 3 ou 4 œufs
- 12 côtelettes d'agneau bien désossées
- 50 cl de sauce tomate
- 1 cuillerée à café de harissa
- Feuilles de menthe ou thym
- Sel, poivre du moulin

1 Peler les aubergines en réservant la peau. Les couper en petits dés, puis les faire sauter à la poêle avec 30 g de beurre. Saler, poivrer. Lorsque les aubergines sont bien cuites, ajouter le concentré de tomate et les œufs préalablement battus. Réserver.

ANEDOCTE

La moussaka est un vieux classique que j'ai revisité avec des morceaux d'oignons.

2 Faire cuire les lamelles de peau d'aubergines dans de l'eau salée pendant 5 minutes, puis les rafraîchir à l'eau froide. En garnir des ramequins individuels. Laisser dépasser une partie à l'extérieur, puis remplir les ramequins avec la préparation précédente. Rabattre les lamelles de peau qui dépassent pour fermer. Enfourner les ramequins au bain-marie pendant 1 heure à 210° C (th. 7).

3 Saisir les côtelettes d'agneau pendant 5 minutes à la poêle dans 20 g de beurre.

4 Démouler les flans d'aubergine. Napper de sauce tomate additionnée d'une bonne dose de harissa (là encore tout est affaire de goût. Il faut que ce soit subtil, fort mais en même temps que cela n'emporte pas la bouche). Disposer les côtelettes d'agneau autour. Décorer avec des feuilles de menthe ou du thym, et surtout laisser libre cours à son imagination.

Carré d'agneau rôti

INGRÉDIENTS POUR 2 PERSONNES >

POUR LE JUS D'AGNEAU

- Gras et os de l'agneau préparé par le boucher
- 1 cuillerée à soupe d'huile
- 1 carotte
- 1 oignon
- 2 gousses d'ail
- 1 branche de thym
- Sel, poivre

- 1 beau carré d'agneau de 800 g dégraissé par le boucher

1 Préparer le jus d'agneau. Faire revenir le gras et les os d'agneau dans l'huile. Après coloration, ajouter la carotte pelée et coupée en dés, l'oignon pelé et ciselé, l'ail écrasé et un demi-verre d'eau. Ajouter le thym. Saler, poivrer.

2 Faire réduire de trois quarts. Passer au chinois. Réserver.

3 Dans une cocotte en fonte, faire rôtir la viande à découvert pendant 30 minutes. Ajouter le jus d'agneau. Poursuivre la cuisson pendant 20 minutes.

VIN CONSEILLÉ

Un beaune-bressandes, domaine Henri-Germain

Sauté de veau Marengo

INGRÉDIENTS POUR 4 PERSONNES >

- 1,5 kg de tendrons de veau
- 1 tasse de farine
- 70 g de beurre
- 12 petits oignons
- 4 tomates
- 2 verres de vin blanc sec (mâcon)
- 250 g de champignons de Paris
- 12 écrevisses (ou langoustines)
- 50 cl d'huile
- 4 œufs
- Sel, poivre

1 Saler et poivrer les tendrons. Les passer à la farine, puis bien les secouer pour que la farine ne fasse qu'imprégner la viande.

2 Dans une cocotte, faire fondre 50 g de beurre. Faire colorer les tendrons sur feu moyen. Lorsqu'ils sont bien colorés, ajouter les petits oignons pelés. Enfourner la cocotte à 220° C (th. 7/8) pendant 45 minutes en arrosant régulièrement avec une louche d'eau.

3 Pendant ce temps, épépiner les tomates. Déglacer la cocotte avec le vin blanc, puis ajouter les tomates épépinées.

4 Dans une poêle, faire colorer les champignons entiers nettoyés avec 20 g de beurre pendant 20 minutes. Les incorporer au contenu de la cocotte. Couvrir d'une feuille de papier aluminium. Remettre au four et poursuivre la cuisson pendant 30 minutes à 220° C (th. 7/8).

5 Dans une bassine à friture, faire chauffer l'huile en veillant à ce qu'elle ne brûle pas. Casser chaque œuf dans une tasse. Les faire frire deux par deux en les retournant avec une cuillère en bois pour obtenir des formes de beignets. Les retirer avec une écumoire et égoutter sur un linge.

6 Pour un service à l'assiette, dresser les tendrons et les napper de jus. Poser l'œuf frit et les queues d'écrevisse à côté. Décorer avec une écrevisse entière.

ANECDOTE

J'ai une tendresse particulière pour ce plat confectionné et imaginé par un cuisinier de Napoléon. J'accorde beaucoup d'importance aux écrevisses, mais comme elles se font fort rares, on pourra les remplacer par des langoustines.

ASTUCE

Pour ma part, j'aime aussi ajouter quelques tranches de pain revenues à l'huile et décorées avec quelques écrevisses entières.

Les ris de veau à la crème

Le mariage visuel des ris de veau et des champignons est en soi un vrai régal.

INGRÉDIENTS POUR 4 À 6 PERSONNES

- 2 pommes de ris de veau de bonne consistance
- 1 oignon
- 1 carotte
- 50 g de beurre
- 3 cuillerées à soupe de vermouth
- Blanquette de champignons (voir recette p. 112)
- Sel, poivre du moulin

SOUVENIR

Je parle des ris de veau avec beaucoup de nostalgie parce que chacun sait que, rançon de la vache folle, ils sont interdits de commerce… Néanmoins, pour le plaisir du souvenir, je vous livre ici ma recette.

1. Faire blanchir les ris de veau : les plonger dans une marmite d'eau froide que l'on portera à ébullition pendant environ 5 minutes. Retirer les ris de veau et les rafraîchir. Enlever les nervures (opération délicate qui s'apparente à celle du foie gras) et les filaments.

2. Peler et émincer l'oignon et la carotte. Dans une cocotte, les faire blondir avec le beurre sans laisser colorer. Ajouter les ris de veau entiers. Faire revenir sur feu doux sans laisser colorer. Enlever les ris. Les couper en tranches et les réserver au chaud dans un plat.

3. Déglacer avec le vermouth. Réserver le jus de cuisson.

4. Verser le jus de cuisson légèrement réduit dans la blanquette de champignons. Mélanger. Saler, poivrer. Servir aussitôt.

Rognons de veau à la dijonnaise

Ingrédients
pour 4 personnes >

- 800 g de rognons de veau émincés
- 50 g beurre
- 1 cuillerée à soupe de cognac
- 8 cuillerées à soupe de fond de veau tout prêt
- 4 cuillerées à soupe de crème fraîche
- 4 cuillerées à café de moutarde de Dijon
- Sel, poivre

1 Dans une poêle, faire sauter les rognons de veau préalablement salés et poivrés dans le beurre très chaud. Egoutter.

2 Verser le cognac dans la poêle et faire flamber.

3 Ajouter le fond de veau, puis la crème fraîche. Laisser réduire à feu doux 4 à 5 minutes (la sauce n'est pas l'élément essentiel). Ajouter les rognons. Etaler légèrement à l'aide d'un pinceau la moutarde de Dijon sur chaque assiette de présentation très chaude. Verser les rognons dessus. Servir aussitôt.

CONSEIL

Pour ma part, j'accompagne ce succulent plat de pâtes fraîches, des tagliatelles par exemple, que je sers à part. Et bien sûr à volonté !

Potée bourguignonne

INGRÉDIENTS POUR 6 PERSONNES >

- 3 choux
- 200 g de beurre
- 3 oignons
- 6 carottes
- Thym
- Laurier
- 1 saucisson à cuire (j'aime beaucoup les saucisses de Morteau)
- 1 kg de lard maigre et de belle salaison
- 12 pommes de terre
- Sel, poivre

1 Peler les choux en ôtant soigneusement les feuilles trop vertes. Les faire blanchir à l'eau bouillante et les rafraîchir à l'eau froide. Les égoutter sur un linge.

2 Dans une cocotte, faire suer dans 100 g de beurre les oignons pelés et émincés avec les carottes pelées et coupées dans le sens de la longueur. Ajouter le thym, puis le laurier, incorporer le chou. Saler, poivrer. Terminer par le saucisson. Laisser cuire sur feu doux pendant 20 à 25 minutes.

3 Faire cuire le lard à l'eau et les pommes de terre à la vapeur. Là encore c'est grâce à la fourchette que l'on pourra apprécier le stade de cuisson… L'idée de croquant et de saveur doit rester présente.

4 Dresser le chou sur un plat. Ajouter le lard, le saucisson coupé en tranches, les pommes vapeur et les carottes. Servir le reste de beurre dans des petits ramequins à part.

ASTUCE

C'est une potée que j'ai revue à seule fin qu'elle soit légère. Je voudrais aussi mettre l'accent sur l'importance de la cuisson. Tout se joue dans le côté croquant de la carotte, des pommes de terre et bien évidemment du chou.

Steak au poivre façon Jean Ducloux

INGRÉDIENTS POUR 2 PERSONNES >

- 1 entrecôte de 500 g épaisse coupée en deux dans le sens de la largeur
- 30 g de beurre
- 1 cuillerée à soupe de fond de veau tout prêt
- 1 cuillerée à soupe de crème fraîche
- 1 cuillerée à café de moutarde
- Sel, poivre du moulin

REMARQUE

A partir d'une belle entrecôte épaisse, il s'agit d'obtenir deux steaks, mot qui signifie d'ailleurs « épais »... Et c'est l'épaisseur de la viande qui participe pour beaucoup à sa saveur.

1. Saler les steaks. Les passer au poivre concassé très fin.

2. Faire colorer la viande au beurre selon les goûts. Pour ma part, j'aime la viande bien saignante, bleue. A mon avis, c'est ainsi qu'elle offre le meilleur goût.

3. Retirer la viande. La réserver dans un plat.

4. Ajouter le fond de veau, la crème et la moutarde. Escaloper les deux steaks afin que la viande s'imprègne encore mieux de la sauce. Servir aussitôt à l'assiette.

ASTUCE

Pour ma part, j'aime la viande bien saignante, bleue. A mon avis, c'est ainsi qu'elle offre le meilleur goût.

OIVRE

Tranche de bœuf poêlée à la moelle à la bourguignonne

INGRÉDIENTS POUR 4 PERSONNES >

- 4 tranches de bœuf de 150 g
- 100 g de beurre
- 1/2 verre de vin rouge
- 4 cuillerées à soupe de fond de veau tout prêt
- 2 os à moelle
- Poivre du moulin

ANECDOTE

Cette recette est très proche de celle du steak au poivre, sinon que je déglace la viande avec un demi-verre de vin rouge additionné d'une sauce au vin rouge légèrement liée. Je la laisse réduire 10 minutes. Je sers directement la sauce sur les tranches de bœuf avec des tranches de moelle escalopées et posées justement sur la viande.

1 Saler les tranches de bœuf. Les passer au poivre concassé très fin.

2 Dans une poêle, faire colorer la viande au beurre selon votre goût. Retirer la viande de la poêle. La réserver dans un plat.

3 Déglacer avec le vin rouge additionné de fond de veau. Faire réduire 10 minutes. Escaloper la moelle et la faire pocher 4 minutes dans de l'eau salée.

4 Dresser les tranches de bœuf sur un plat. Disposer les tranches de moelle dessus. Napper de sauce. Servir aussitôt.

VIN CONSEILLÉ

Un beaune-bressandes, domaine Henri-Germain

Canard de Challans en deux services avec sa duxelles

INGRÉDIENTS POUR 2 PERSONNES >

- 1 canard entier de 3 kg provenant bien évidemment de l'appellation contrôlée Challans
- 70 g de beurre
- 1 cuillerée à soupe de farine
- 2 cuillerées à soupe de cognac
- 50 g de poivre vert en grains

POUR LA MIREPOIX

- 1 carotte
- 1/2 oignon
- 1 branche de céleri
- 30 g de beurre

1 Préparer la mirepoix. Détailler les légumes en dés et les faire revenir dans le beurre. Faire cuire 20 minutes.

2 Lever les deux filets et les deux cuisses du canard. Réserver. Faire cuire un fond avec la carcasse du canard concassée et revenue dans 20 g de beurre. Ajouter la mirepoix et la farine. Déglacer au cognac, puis verser 1/2 verre d'eau.

3 Dans une sauteuse, faire rôtir les filets 15 minutes de chaque côté. Ils ne doivent surtout pas être trop cuits, mais juste rosés. Poivrer.

4 Après réduction, passer le fond au chinois. Incorporer le poivre vert. Monter la sauce en fouettant avec 50 g de beurre. Servir les filets avec la sauce et une duxelles.

5 Dans une cocotte, faire griller les cuisses au four à 220° C (th. 7/8) pendant 30 minutes. En deuxième service, je sers les cuisses chaudes grillées nature avec une salade à l'huile de noix.

VIN CONSEILLÉ

Un beaune-bressandes, domaine Henri-Germain

Civet de lièvre

INGRÉDIENTS POUR 6 PERSONNES >

- 1 lièvre de 3 kg
- 1 litre d'huile
- 1 poignée de poivre concassé
- 2 feuilles de laurier
- 1 poignée de brindilles de thym
- 50 g de beurre
- 2 carottes
- 2 oignons
- 1 poignée de farine
- 1 beau bouquet garni (thym, laurier, tête d'ail coupée en deux)
- 2 litres de vin rouge
- 1 cuillerée à soupe de concentré de tomate
- 100 g de chocolat noir à 70 %
- 1 tasse à café de sang que l'on se procurera chez le boucher

1 Couper le lièvre en petits morceaux. Réserver le râble (le dos de la bête).

2 Faire mariner les morceaux de lièvre dans l'huile pendant 4 jours au réfrigérateur avec le poivre concassé, les feuilles de laurier et les brindilles de thym.

3 Dans une cocotte, faire colorer les morceaux de lièvre dans le beurre avec les carottes et les oignons pelés et émincés. Ajouter le bouquet garni. Saupoudrer de farine (singer).

4 Mouiller à hauteur des morceaux de viande avec un vin rouge qui titre ses bons 13°. Ajouter le concentré de tomate, puis le chocolat.

5 Laisser cuire à petit feu une bonne heure en surveillant la cuisson. On piquera régulièrement la viande avec une fourchette pour vérifier son degré de cuisson. Une fois cuite, la retirer de la cocotte. Réserver.

6 Verser le sang dans la sauce. Passer au chinois sur les morceaux de viande et ne pas faire bouillir ! Servir avec des pommes vapeur ou des pâtes fraîches.

ASTUCE

Ma touche finale : une poignée de lardons revenus à la poêle et une bonne livre de champignons coupés en carrés et sautés à la poêle. J'aime aussi, au dernier moment, servir avec une tranche de pain revenu dans la poêle bien beurrée. Ça c'est du vrai civet…

Ma gibelotte de lapereau

Ni plus ni moins qu'un lapin sauté…

INGRÉDIENTS POUR 6 PERSONNES

- 1 jeune lapin de 2 kg
- 50 g de beurre
- 1 cuillerée à soupe de farine
- 2 tomates
- 50 cl de vin blanc
- Sel, poivre du moulin

POUR LA MIREPOIX

- 1 carotte
- 1/2 oignon
- 1 branche de céleri
- 30 g de beurre

1 Préparer la mirepoix. Détailler les légumes en dés et les faire revenir dans le beurre. Faire cuire 20 minutes.

2 Couper le lapin en petits morceaux. Bien saler. Poivrer. Dans une cocotte, faire revenir le lapin avec 50 g de beurre. Ajouter la mirepoix. Saupoudrer la farine, puis incorporer les tomates pelées, épépinées et concassées.

3 Verser le vin blanc et laisser cuire à feu doux pendant 30 à 40 minutes. Excellent !

VIN CONSEILLÉ

Un mercurey rouge, Château de Chamilly

Le râble de lièvre, sauce civet

INGRÉDIENTS POUR 2 PERSONNES >

- Os de lièvre
- 20 g de beurre
- 1 poignée de farine
- 1 litre de vin rouge
- 1 cuillerée à café de concentré de tomate
- 30 g de chocolat noir à 70%
- 2 cuillerées à soupe de crème fraîche
- 2 cuillerées à soupe de sang que l'on se procurera chez le boucher ou le charcutier
- 2 râbles de lièvre

POUR LA MIREPOIX

- 1 carotte
- 1/2 oignon
- 1 branche de céleri
- 30 g de beurre

1 Préparer la mirepoix. Détailler les légumes en dés et les faire revenir dans le beurre. Faire cuire 20 minutes.

2 Faire revenir les os de lièvre dans le beurre. Ajouter la mirepoix. Saupoudrer de farine et mouiller avec le vin rouge. Ajouter le concentré de tomate et le chocolat. Faire réduire aux trois quarts. Incorporer la crème, puis lier avec le sang.

3 Dans une poêle, faire rôtir les râbles 1 minute de chaque côté. Ajouter la sauce. Servir aussitôt.

CONSEIL

Comme nous l'avons vu, il s'agit du dos de la bête. Plus la viande est tendre, plus le goût est subtil. Il est impératif que la chair du lièvre reste rosée. Toute la saveur du plat dépend bien évidemment de la nature du lièvre. C'est peut-être triste à dire, mais les meilleurs viennent maintenant de Pologne…

Mes pigeons rôtis aux légumes frais

Ingrédients pour 2 personnes >

- 300 g de petits pois frais
- 2 pigeons fermiers
- 60 g de beurre
- 1 laitue
- 100 g de petits oignons
- Sel

1 Faire cuire les petits pois à la vapeur. Bien brider les pigeons avec une ficelle. Les faire rôtir en cocotte avec 30 g de beurre pendant 20 minutes. Veiller surtout à ce qu'ils ne soient pas trop cuits.

2 Ajouter les petits pois, la laitue ciselée, les petits oignons pelés, un verre d'eau, le morceau de beurre restant. Saler. Poursuivre la cuisson pendant 10 minutes. Servir aussitôt.

CONSEIL

N'ajoutez surtout pas de bouquet garni qui dénaturerait la saveur du pigeon.

Ma dernière bécasse

INGRÉDIENTS POUR 2 PERSONNES >

- 1 bécasse
- 1 cuillerée à soupe de cognac
- 90 g de beurre
- 2 croûtons
- 2 foies de volaille
- 50 g de foie gras

REMARQUE

Comme pour les ris de veau, je vais au-devant de l'interdit. Car chacun sait que les bécasses sont interdites de chasse. Et de surcroît, il y a belle lurette qu'elles sont difficiles à dénicher… Mon dernier souvenir en la matière remonte à 1995. Des copains de chasse m'en avaient amené six. Voici comment je les ai préparées…

1 Laisser la bécasse 8 jours au réfrigérateur. La plumer et la vider. Garder l'intestin que l'on met dans du cognac à mariner.

2 Au moment de passer à table, faire rôtir la bécasse dans une cocotte avec 20 g de beurre pendant 20 minutes. Pour ma part, j'aime la réaliser avec un jus très court.

3 Pendant ce temps, faire colorer les croûtons avec 50 g de beurre dans une poêle. Dans une autre poêle, faire colorer l'intestin haché, les foies de volaille, le foie gras dans 20 g de beurre. Passer le mélange au tamis.

4 Enduire les croûtons de ce mélange savoureux et goûteux à souhait. Servir la bécasse aussitôt, légèrement rosée. C'était le bon temps…

VIN CONSEILLÉ

Un côte-de-nuits 1er cru, Clos de la Roche

Poulet sauté au vinaigre

INGRÉDIENTS POUR 4 PERSONNES >

- 1 poulet de Bresse de 1,5 kg
- 70 g de beurre
- 1 verre de vinaigre de vin
- 25 cl de fond de veau tout prêt
- 1 cuillerée à café de concentré de tomate

SOUVENIR

C'est un plat d'inspiration lyonnaise que j'ai découvert chez le maître de mon ami Alain Chapel (un grand parmi les grands, hélas, disparu), le père Vignard, à Lyon. J'y ai merveilleusement mangé. C'était un cuisinier d'antan. C'était il y a trente-cinq ans…

1 Couper le poulet en 6 morceaux. Saler, poivrer. Dans un plat allant au four, faire fondre le beurre. Quand il est bien chaud, ajouter les morceaux de poulet. Faire colorer légèrement.

2 Enfourner le plat couvert aux trois quarts avec une feuille de papier d'aluminium ou un petit couvercle pendant 40 minutes à 120° C (th. 4).

3 Lorsque le poulet est cuit, placer les morceaux dans un plat de service. Déglacer le plat de cuisson avec le vinaigre de vin. Laisser réduire de moitié. Ajouter le fond de veau et le concentré de tomate. Servir aussitôt.

CONSEIL

Pour réussir les poulets sautés, il ne faut surtout pas couvrir complètement la sauteuse. C'est une règle impérative pour que la volaille colore sans sécher ni bouillir.

Le coq au vin

INGRÉDIENTS POUR 4 PERSONNES >

- 4 ou 6 belles cuisses de coq coupées en deux
- 1 belle poignée de farine
- 2 litres de bon vin rouge à 13 ou 14°
- 1 beau bouquet garni (persil, thym, laurier)
- 1 tête d'ail en chemise que l'on coupera en deux dans le sens de la longueur
- 1 verre de sang que l'on se procurera chez le boucher ou le charcutier

POUR LA MIREPOIX

- 1 carotte
- 1/2 oignon
- 1 branche de céleri
- 30 g de beurre

1 Préparer la mirepoix. Détailler les légumes en dés et les faire revenir dans le beurre. Faire cuire 20 minutes.

2 Dans une sauteuse, faire revenir les cuisses de coq dans la mirepoix. Saupoudrer de farine (dans le métier on parle de « singer »). Bien remuer le tout.

3 Mouiller avec le vin rouge et 50 cl d'eau. Ajouter le bouquet garni et l'ail. Faire cuire au four pendant 1 heure à 220° C (th. 7/8). Retirer les morceaux et les réserver dans un plat à part.

4 Passer le jus de cuisson au chinois. Avant de servir, lier avec le verre de sang. Vous pouvez servir ce plat avec des champignons de Paris revenus au beurre ou des lardons blanchis et colorés. Des pâtes fraîches accompagnées de croûtons sont également parfaites.

SOUVENIR

Je réalisais ce plat, qui s'apparente au civet, chez Racouchot en 1933. On l'appelait le coq au Chambertin, même si la plupart du temps le vin qui convenait le mieux était un vin qui titrait fortement et qui provenait parfois d'Afrique du Nord. Dans les années 1930, on préparait beaucoup de plats à base de vin.

ASTUCE

Ce qui est important avec le coq, c'est de travailler les cuisses et non pas les ailes.

Volaille de Bresse truffée en marmite

Un plat complexe mais dont la saveur est à la hauteur du temps qu'il réclame et de sa difficulté…

INGRÉDIENTS
POUR 4 PERSONNES

- 1 carcasse de volaille
- 1 belle poularde de Bresse de 2 à 2,5 kg
- 8 lamelles de truffe noire
- 4 carottes
- 1 navet
- 1 courgette
- Feuilletage cru
- 2 tranches de foie gras
- 20 g de pelures de truffe

POUR LA MIREPOIX

- 1 carotte
- 1/2 oignon
- 1 branche de céleri
- 30 g de beurre

1 Préparer la mirepoix. Détailler les légumes en dés et les faire revenir dans le beurre. Faire cuire 20 minutes. Réserver.

2 Préparer un fond blanc. Placer la carcasse de volaille concassée dans une casserole avec la mirepoix. Saler, poivrer. Ajouter 3 litres d'eau. Laisser cuire 1 heure. Passer au chinois et réserver le fond blanc.

(Suite de la recette page suivante)

Volaille de Bresse truffée en marmite

3 La veille, glisser les lamelles de truffe sous la peau de la poularde. La faire pocher 50 minutes à petite ébullition dans la moitié du fond blanc. Pendant ce temps, faire cuire tous les légumes pelés et coupés en morceaux dans l'autre moitié du fond blanc.

4 Disposer la volaille dans une soupière ronde en porcelaine. Y verser le bouillon et recouvrir du feuilletage. Enfourner pendant 30 minutes à 220° C (th. 7/8).

5 Présenter la poularde dans la soupière dès la sortie du four. Briser le feuilletage. Présenter les légumes égouttés dans des petits plats individuels. Couper la poularde devant les convives. Au moment de servir, disposer des carrés de foie gras et les pelures de truffe sur les légumes.

CONSEIL

Après le « truffage » (incorporation des lamelles de truffes), la poularde doit être bien bridée, c'est-à-dire serrée dans de la ficelle très fine pour que les membres restent bien solidaires de la carcasse.

Poulet sauté aux gousses d'ail en chemise

INGRÉDIENTS POUR 4 PERSONNES >

- 1 poulet de Bresse de 1,5 kg
- 70 g de beurre
- 6 gousses d'ail
- 1/2 verre de bon vin blanc
- 6 champignons de Paris
- Persil
- Sel, poivre

1 Couper le poulet en 6 morceaux. Les saler et les poivrer. Dans un plat allant au four, faire revenir le beurre. Quand il est bien chaud, ajouter le poulet et les gousses d'ail non pelées. Faire colorer légèrement.

2 Enfourner 40 minutes à 220° C (th. 7/8) avec un petit couvercle. (Il ne faut surtout pas couvrir complètement.) Nettoyer les champignons, puis les émincer en grosses lamelles.

3 Lorsque le poulet est cuit, placer les morceaux dans un plat de service chaud. Réserver 2 cuillerées à soupe de jus de cuisson du poulet. Déglacer le plat de cuisson avec le vin blanc et une goutte d'eau. Faire poêler les champignons dans le jus de cuisson réservé, puis incorporer les champignons à la sauce.

4 Verser la sauce sur les morceaux de poulet. Saupoudrer de persil haché.

CONSEIL

C'est le jus de poulet avec les gousses d'ail assorties qui donnera toute la saveur à ce plat. Cette recette réclame beaucoup de subtilité. Je choisis toujours le poulet de Bresse qui est beaucoup plus ferme à mon goût. Le fermier est plus facile à déguster mais moins savoureux. On peut aussi déglacer au vinaigre et au fond rouge.

ANECDOTE

C'est le type de plat que j'affectionne et que j'ai institué à ma carte depuis 1985. Il est très différent du poulet rôti. On a, à mon avis, une saveur très goûteuse et fort loin du blanc, que je trouve plutôt fade.

Le poulet à la crème

INGRÉDIENTS POUR 4 PERSONNES >

- 1 belle volaille de Bresse d'environ 1,2 kg
- 60 g de beurre
- 1 oignon
- 400 g de champignons de Paris
- 300g de morilles
- 2 verres de vin blanc sec
- 8 cuillerées à soupe de fond de volaille déshydraté
- 50 cl de crème fraîche

1 Faire vider la volaille. Séparer les ailes, les cuisses et le haut des cuisses afin d'obtenir 6 morceaux.

2 Dans une sauteuse, faire revenir les morceaux de volaille avec 40 g de beurre. Ajouter un bel oignon pelé et ciselé et 4 champignons de Paris ciselés. Quand la coloration est bien blonde, faire revenir la volaille, toujours sur le côté de la peau, pendant environ 5 minutes. Retourner. Incorporer le vin blanc sec, puis le velouté de volaille préparé avec le fond de volaille déshydraté dissous dans 16 cuillerées à soupe d'eau. Faire cuire 20 à 25 minutes.

3 Retirer les morceaux de volaille. Les réserver. Déglacer la sauteuse avec la crème fraîche. Fouetter pendant 10 minutes. Passer au chinois très fin. Ajouter le reste de champignons préalablement coupés en quatre et les morilles passés dans 20 g de beurre. Remettre les morceaux de volaille dans la sauce. Servir bien chaud.

VIN CONSEILLÉ

Un mercurey rouge, Château de Chamilly

Mes desserts

Mon soufflé au Grand Marnier	*150*
L'omelette célestine	*152*
Gratin de framboises ou de fruits de saison	*157*
Tarte fine aux pommes	*153*
Feuilleté de poires caramélisées	*154*
Mon gâteau au chocolat	*156*
Profiteroles au chocolat	*158*
Mille-feuille	*162*
Ma crème pâtissière	*164*
Crème au caramel	*166*
Mes beignets pets-de-nonne	*168*
Crème glacée à la vanille	*170*
Mousse café	*171*
Pamplemousses confits	*174*

Mon soufflé au Grand Marnier

Ma recette préférée…

INGRÉDIENTS POUR 2 PERSONNES >

- 4 œufs
- 5 à 6 cuillères à soupe de sucre en poudre
- 1 bon verre de liqueur Grand Marnier
- Beurre
- Sucre glace

SOUVENIR

C'est un plat que j'ai découvert chez Racouchot lors de mon apprentissage, autant dire voilà plus de soixante-dix ans. Je l'ai toujours réalisé avec Grand Marnier car, pour moi, c'est la liqueur qui se prête le mieux à la cuisine.

1 Séparer les blancs des jaunes d'œufs. Dans une terrine, travailler les jaunes avec 2 cuillerées à soupe de sucre en poudre. Ajouter la liqueur Grand Marnier cordon rouge (celui que je préfère).

2 Dans une seconde terrine, monter les blancs en neige très ferme. Ajouter 2 cuillerées à soupe de sucre en poudre. Mélanger les deux appareils sans casser les blancs.

3 Beurrer deux moules à soufflés de taille moyenne. Sucrer largement les bords.

4 Verser la préparation dans les ramequins. Faire cuire au four pendant 15 minutes à 220° C (th. 7/8). Saupoudrer de sucre glace. Servir aussitôt.

Greuze

L'omelette célestine

INGRÉDIENTS PAR PERSONNE >

- 3 œufs
- 30 g de beurre
- 50 g de gelée de groseille ou de framboise
- 2 cuillerées à soupe de sucre en poudre
- Rhum

1 Faire cuire les œufs battus en omelette avec le beurre. Avant de rouler l'omelette, incorporer de la gelée de groseille ou de framboise. Démouler sur un plat.

2 Saupoudrer de sucre en poudre. Avec un pique-feu (une barre de fer bien rouge, quadrillée, du même type de celle qu'on utilise pour les turbots), apposer le métal rougi sur l'omelette qui aura ainsi une belle allure. Chauffer le plat, flamber au rhum et servir aussitôt.

Gratin de framboises ou de fruits de saison

INGRÉDIENTS POUR 4 PERSONNES

- 4 jaunes d'œufs
- 100 g de sucre en poudre
- 12 cl de crème fraîche
- 2 cuillerées à soupe de liqueur Grand Marnier, rhum ou calvados
- 250 g de framboises (ou fruits de saison)

1. Dans un saladier, mélanger les jaunes d'œufs et le sucre en poudre jusqu'à ce que le mélange blanchisse.

2. Incorporer la crème fraîche et continuer à travailler le mélange afin qu'il ait une consistance homogène.

3. Incorporer la liqueur choisie (je vous ai parlé de ma préférence pour la liqueur Grand Marnier, mais le rhum s'y prête aussi fort bien).

4. Disposer les fruits dans quatre plats à gratin individuels. Verser dessus le mélange précédent. Faire gratiner au four juste avant de servir.

Tarte fine aux pommes

C'est le type de plat que l'on peut préparer pour une personne.

INGRÉDIENTS PAR PERSONNE

- 50 g de pâte feuilletée que l'on se procurera chez le pâtissier
- Beurre
- 1 pomme
- Sucre en poudre
- Glace à la vanille

1 Etaler la pâte très finement en forme de disque et la poser sur la plaque du four légèrement beurrée.

2 Peler la pomme et la couper en deux. L'épépiner, puis l'émincer très finement.

3 Poser les émincés de pomme sur le feuilletage. Sucrer très légèrement. Faire cuire au four pendant 20 à 25 minutes à 240° C (th.8).

CONSEIL

Un dessert simplissime et savoureux que je sers avec une glace à la vanille.

Feuilleté de poires caramélisées

INGRÉDIENTS POUR 4 PERSONNES >

- 4 feuilletés (50 g) de feuilletage que l'on se procurera chez le pâtissier (10 x 5 cm)
- Sucre glace
- 1 kg de poires (williams ou, idéalement, poire abat)
- Beurre
- Glace à la vanille

POUR LE COULIS D'ABRICOT

- 100 g de sucre en poudre
- 200 g d'abricots

1 Partager les feuilletés en deux, glacer les chapeaux avec le sucre glace : saupoudrer le feuilletage avant de le passer rapidement au gril.

2 Préparer le coulis d'abricot. Faire bouillir 10 cl d'eau avec le sucre en poudre pendant 5 minutes. Ajouter les abricots coupés en deux et dénoyautés. Porter une seconde fois à ébullition. Passer à la moulinette et laisser refroidir.

3 Peler les poires. Les couper, les épépiner, puis les émincer. Les faire revenir au beurre.

4 Etaler le coulis d'abricot sur le bas de chaque assiette de présentation. Dresser les feuilletés garnis de poires sautées. Remettre un chapeau glacé et servir avec deux belles quenelles de glace à la vanille.

Personnelle

Mon gâteau au chocolat

INGRÉDIENTS POUR 8 PERSONNES

POUR LE BISCUIT
- 9 œufs entiers
- 250 g de sucre en poudre
- 250 g de farine
- 50 g de cacao amer en poudre
- 100 g d'amandes en poudre
- 25 g de beurre

POUR LA GANACHE
- 20 cl de crème fraîche
- 150 g de chocolat noir pâtissier
- 50 g de beurre

POUR LA MOUSSE
- 300 g de chocolat noir pâtissier
- 8 œufs
- 200 g de sucre

POUR LE SIROP
- 2 cuillerées à soupe de rhum
- 300 g de sucre en poudre

POUR LE SERVICE
- Crème anglaise toute prête
- Cacao amer en poudre

1 Préparer le biscuit. Séparer les blancs des jaunes de 8 œufs. Travailler ensemble les jaunes, 1 œuf entier et 200 g de sucre. Incorporer la farine, le cacao et les amandes.

2 Monter les blancs en neige très ferme avec 50 g sucre. Incorporer les blancs en neige à la précédente préparation. Verser dans un moule beurré et fariné. Faire cuire au four à 180° C (th. 6) pendant 15 minutes.

3 Préparer la ganache. Dans une casserole, faire bouillir la crème fraîche. Incorporer le chocolat cassés en petits morceaux, puis le beurre. Mélanger jusqu'à l'obtention d'un mélange homogène. Réserver.

4 Préparer la mousse au chocolat. Faire fondre le chocolat. Séparer les blancs des jaunes d'œufs (que l'on utilisera pour une autre préparation). Monter les blancs en neige bien ferme avec le sucre. Mélanger le chocolat fondu et les blancs en neige. Réserver au réfrigérateur.

5 Préparer le sirop en mélangeant le rhum, 25 cl d'eau et le sucre en poudre.

6 Couper le biscuit dans l'épaisseur afin d'obtenir trois disques réguliers. Imbiber le premier disque de sirop de rhum. Etaler la mousse au chocolat froide et superposer le second disque. Recommencer afin d'avoir trois couches de biscuit. Terminer avec la ganache. Saupoudrer de cacao en poudre. Conserver le gâteau au réfrigérateur pendant 30 minutes avant de servir.

7 Napper le fond de chaque assiette de crème anglaise. Disposer une part de gâteau au milieu.

Profiteroles au chocolat

Ingrédients pour 6 personnes >

- Beurre
- 50 cl de glace à la vanille
- Sucre glace

Pour la pâte à choux

- 100 g de beurre
- 1 pincée de sel fin
- 300 g de farine
- 6 à 8 œufs

Pour la sauce au chocolat

- 500 g de chocolat noir pâtissier
- 10 cl de crème fraîche épaisse

1 Préparer la pâte à choux. Faire bouillir 50 cl d'eau, le beurre et le sel. Verser la farine d'un coup. Travailler avec une spatule en bois et faire « dessécher » cette pâte sur le feu, jusqu'à ce qu'elle ne colle plus au doigt. Incorporer les œufs deux par deux en remuant délicatement.

2 Sur la plaque du four beurrée, dresser des choux d'environ 2 cm de diamètre à l'aide d'une poche à douille ronde avec une couronne. Enfourner pendant 30 minutes à 200° C (th. 6/7).

3 Pendant ce temps, préparer la sauce au chocolat. Faire bouillir 50 cl d'eau. Ajouter le chocolat en morceaux. Remuer vivement jusqu'à ébullition. Ajouter la crème fraîche hors du feu. Réserver au chaud.

4 Couper le dessus des choux aux trois quarts de leur hauteur et les creuser. Les garnir d'une cuillerée à café de glace à la vanille. Saupoudrer les chapeaux des choux de sucre glace. Les passer 1 minute sous le gril du four afin d'obtenir un léger glaçage. Dresser les chapeaux sur les choux garnis.

5 Verser la sauce chocolat chaude sur le fond d'une assiette creuse. Dresser dessus cinq choux en rond. Servir aussitôt.

Mille-feuille

INGRÉDIENTS POUR 8 PERSONNES >

POUR LA PÂTE FEUILLETÉE
- 500 g de farine
- 20 g de sel fin
- 100 g de beurre ramolli
- 500 g de beurre

POUR LA CRÈME PÂTISSIÈRE
- 1 litre de lait
- 10 jaunes d'œufs
- 250 g de sucre en poudre
- 100 g de farine

POUR LA FINITION
- Sucre glace

1 Préparer la pâte feuilletée. Sur une table, disposer la farine en fontaine. Ajouter le sel, 100 g de beurre ramolli et 25 cl d'eau. Malaxer le tout pour obtenir une boule homogène assez molle. Laisser reposer la pâte 1 heure.

2 Taper 500 g de beurre entre deux feuilles de papier sulfurisé et l'écraser au rouleau pour l'assouplir et former des carrés.

3 Etendre la pâte sur un peu de farine. Poser au centre le beurre en carrés et rabattre la pâte sur le beurre en formant un losange. Etendre ensuite au rouleau pour obtenir une forme d'environ 30 cm de large et 50 cm de long. Déplier en trois et répéter six fois l'opération, laisser reposer 30 minutes à chaque fois.

4 Etaler la pâte sur 0,5 cm d'épaisseur et 10 cm de long. La faire cuire pendant 25 minutes au four à 200° C (th. 6/7). Laisser refroidir.

5 Pendant ce temps, préparer la crème pâtissière. Faire bouillir le lait. Dans une autre casserole, mélanger les jaunes d'œufs, le sucre en poudre et la farine. Verser le lait bouillant en remuant et porter sur le feu pendant 3 minutes jusqu'à ébullition. Verser la crème dans un plat et laisser refroidir en remuant de temps en temps.

6 Partager en deux la pâte feuilletée cuite. Sur le premier morceau, déposer une couche de crème pâtissière, puis une moitié de feuilletage et ainsi de suite jusqu'à l'obtention d'environ quatre couches de feuilletage et trois de crème pâtissière.

7 Sur le dernier feuilletage, saupoudrer de sucre glace et apposer un fer un peu rougi de manière à quadriller le mille-feuille.

Ma crème pâtissière

INGRÉDIENTS POUR 8 PERSONNES >

- 1 litre de lait
- 2 gousses de vanille
- 8 jaunes d'œufs
- 250 g de sucre en poudre
- 80 g de farine

1 Faire bouillir le lait avec les gousses de vanille.

2 Dans une casserole, mélanger les jaunes d'œufs, le sucre et la farine. Verser doucement le lait bouillant en remuant. Placer sur feu doux et laisser à ébullition pendant quelques minutes.

3 Verser la crème dans un plat et laisser refroidir en remuant de temps en temps.

Crème au caramel

INGRÉDIENTS POUR 6 PERSONNES >

- 50 cl de lait
- 50 cl de crème fraîche épaisse
- 15 jaunes d'œufs
- 250 g de sucre vanillé en poudre

POUR LE CARAMEL

- 150 g de beurre
- 250 g de sucre en poudre

1 Faire bouillir le lait et la crème. Incorporer la préparation précédente jusqu'à la reprise de l'ébullition en remuant.

2 Fouetter les jaunes d'œufs avec le sucre jusqu'à ce que le mélange blanchisse. Réserver.

3 Préparer le caramel dans un faitout avec le beurre et le sucre en poudre jusqu'à l'obtention d'un caramel bien foncé.

4 Dans une grande casserole, verser le mélange de lait et de crème dans le caramel. Incorporer les jaunes d'œufs sucrés. Remettre sur feu doux. Faire cuire pendant environ 20 minutes. Verser dans des ramequins individuels. Laisser refroidir à température ambiante et réserver au réfrigérateur jusqu'au moment de servir.

ASTUCE

Lorsque l'on veut une crème au café, on rajoute simplement deux expressos bien serrés, ainsi que du « trablit » (extrait de café en bouteille).
Pour obtenir un sucre fortement vanillé, incorporez 1 gousse de vanille Bourbon coupée en morceaux à 250 g de sucre en poudre. Laissez le sucre se parfumer pendant 1 mois.

Mes beignets pets-de-nonne

INGRÉDIENTS POUR 8 À 10 PERSONNES >

- 120 g de beurre
- 1 pincée de sel
- 30 g de sucre en poudre
- 350 g de farine
- 8 œufs
- 1 cuillerée à café d'eau de fleur d'oranger
- 1 litre d'huile
- 50 g de sucre glace
- Confiture d'abricots

1 Faire bouillir 50 cl d'eau avec le beurre, le sel et le sucre en poudre.

2 A ébullition, verser la farine en pluie, doucement, de manière à ce qu'elle s'intègre. Travailler avec une spatule en bois. Faire dessécher.

3 Hors du feu, ajouter les œufs deux par deux en remuant vivement. Parfumer avec l'eau de fleur d'oranger.

4 Verser l'huile dans une bassine à friture et la faire chauffer doucement. L'huile ne doit pas être trop chaude.

5 Avec une cuillère, prendre des petites boules de pâte et les plonger doucement dans l'huile à raison de six à la fois. Les laisser gonfler : chaque boule double, triple, voire quadruple de volume. Les égoutter sur un linge.

6 Saupoudrer de sucre glace. Servir avec la confiture d'abricots à part.

Crème glacée à la vanille

INGRÉDIENTS POUR 8 PERSONNES >

- 3 gousses de vanille fendues en deux
- 1 litre de lait
- 12 jaunes d'œufs
- 250 g de sucre en poudre
- 25 cl de crème fraîche

1 Mouiller les gousses de vanille avec le lait bouillant tout en remuant au fouet.

2 Mélanger les jaunes d'œufs avec le sucre en poudre. Hors du feu, verser les jaunes dans le lait en remuant délicatement.

3 Remettre sur le feu et mélanger avec une spatule en bois. Avant que le mélange arrive à ébullition, ôter du feu.

4 Laisser refroidir. Incorporer la crème fraîche. Mettre dans une sorbetière pendant 20 minutes.

Mousse café

INGRÉDIENTS POUR 8 PERSONNES

- 1 cuillerée à soupe d'extrait de café
- 3 feuilles de gélatine (5 g)
- 1 expresso sucré avec 1 morceau de sucre
- 1 litre de crème liquide
- 100 g de sucre glace
- Cacao amer en poudre

POUR LE BISCUIT

- 9 œufs entiers
- 250 g de sucre en poudre
- 270 g de farine
- 50 g de cacao amer en poudre
- 100 g d'amandes en poudre
- 75 g de beurre

POUR LA SAUCE CAFÉ

- 50 cl de lait
- 2 cuillerées à soupe de café moulu
- 5 jaunes d'œufs
- 100 g de sucre en poudre

Préparer le biscuit. Séparer les blancs des jaunes de 8 œufs. Travailler ensemble les jaunes, 1 œuf entier et 200 g de sucre. Incorporer 250 g de farine, le cacao et les amandes.

Monter les blancs en neige très ferme avec 50 g de sucre. Incorporer les blancs en neige à la précédente préparation. Verser dans un moule beurré et fariné. Faire cuire au four à 180° C (th. 6) pendant 15 minutes.

(Suite de la recette page suivante)

Mousse café

3 Faire tiédir l'extrait de café. Ajouter les feuilles de gélatine ramollie dans l'eau, puis égouttées. Démouler le biscuit refroidi et le dresser dans un moule à hauts bords. Imbiber le biscuit en versant l'expresso sucré dessus.

4 Monter la crème liquide avec le sucre glace en chantilly assez ferme. Incorporer rapidement le mélange d'extrait de café et de gélatine. Verser cette mousse sur le biscuit. Réserver au réfrigérateur.

5 Préparer la sauce café. Faire bouillir le lait avec le café moulu. Mélanger les jaunes d'œufs et le sucre en poudre. Incorporer doucement le lait chaud en tournant. Remettre sur feu doux pendant 15 minutes sans cesser de tourner avec une cuillère en bois. Ne pas laisser bouillir. Laisser refroidir à température ambiante, puis réserver au réfrigérateur.

6 Verser la sauce café sur le fond de chaque assiette de présentation. Couper le gâteau en parts égales avec la lame d'un couteau préalablement trempée dans l'eau chaude. Saupoudrer la mousse café de cacao amer. Servir aussitôt.

Pamplemousses confits

J'ai inscrit ces douceurs à ma carte depuis 1993…

INGRÉDIENTS POUR 6 PERSONNES

- 6 gros pamplemousses à peau épaisse
- 600 g de sucre en poudre
- 100 g de sucre cristallisé

ANECDOTE

Il y a une dizaine d'années, j'ai mangé dans le Sud des fruits confits et j'ai décidé d'en faire quelque chose. On obtient des fruits savoureux, beaucoup moins sucrés que les sacro-saints fruits confits traditionnels… Mon pâtissier chez Greuze confectionne tous les matins une série de pamplemousses confits que l'on sert à la fin des repas.

1 Couper les deux extrémités des pamplemousses. Les maintenir debout, donner un mouvement circulaire de haut en bas et couper 4 quartiers en prenant soin de laisser un tiers de chair sur la peau.

2 Détailler chaque quartier en 4 lanières de taille égale, ce qui donnera 96 zestes de 7 cm de longueur et de 1,5 cm d'épaisseur.

3 Mettre les zestes dans une casserole, les recouvrir d'eau froide et faire prendre l'ébullition sur feu doux. Laisser bouillir 5 minutes, puis égoutter. Recommencer cette opération deux fois : le blanchissage a pour but de retirer l'amertume de l'agrume.

4 Remettre de nouveau les zestes dans une casserole avec le sucre en poudre. Faire cuire sur feu doux à découvert en remuant souvent avec une spatule en bois. Si l'évaporation est trop rapide, les zestes seront insuffisamment cuits. Compter entre 50 minutes et 1 heure pour bien les confire.

5 Pour la finition, étaler les zestes sur une grille afin que l'excédent de sirop coule. Lorsqu'ils sont froids, les prendre un par un et les rouler à la main dans le sucre cristallisé.

ASTUCE

Pour ma part, je blanchis seulement les fruits et je veille à ce qu'ils soient mangés le jour même. J'ai choisi le pamplemousse plutôt que l'orange parce qu'il est plus acide et aussi infiniment plus subtil et goûteux.

Les deux « femmes »
de Jean Ducloux,
Martine, sa fille,
et Paule, son épouse,
élégantes et toujours
fidèles au poste.

JEAN DUCLOUX

Restaurant Greuze
1, rue Thibaudet
71700 Tournus
Tél. 03 85 51 13 52
Fax : 03 85 51 75 42

Hôtel de Greuze
5-6, place de l'Abbaye
71700 Tournus
Tél. 03 85 51 77 77
Fax : 03 85 51 77 23

Achevé d'imprimer en mai 2002
sur les presses de Artes Graficas, à Tolède
ISBN : 2-8307-0655-2
Dépôt légal : mai 2002
Imprimé en Espagne